Das Glück versteckt sich überall

Matthias Morgenroth

Das Glück versteckt sich überall

Geschichten zur Erstkommunion

Gabriel

Inhalt

Stille Post 5
Wer suchet, der findet 14
Feuer im Kopf 24
Hundeleben 35
Olympische Revolution 43
Zeltplatz mit Rosen 52
Geld oder Leben 62
Smiley 70
Gegenwind 78
Sessel im Fenster 86

Stille Post

Am Tag, an dem ihnen Frau Seidenschnur vor die Füße rollte, nieselte es und die Schnecken zogen voller Begeisterung ihre Bahnen quer über den Gehsteig. Das heißt, am Anfang wussten sie noch gar nicht, dass die Frau, die ihnen vor die Füße rollte, Seidenschnur hieß.

Julian und Lotte waren gemeinsam zum Schreibwarengeschäft gegangen, um Briefumschläge und Tintenpatronen zu kaufen. Die Tintenpatronen waren für Lottes Füller. Und die Briefumschläge waren für Julians Mama.

Sie bogen gerade wieder in ihre Straße ein, da gab es aus dem Vorgarten neben ihnen einen Krach, ein Gehstock sauste an ihnen vorbei und vor ihren Füßen landete eine Frau.

Eine alte Frau.

Mit Händen wie verschrumpelte Rosinen.

Julian und Lotte sprangen vor Schreck zur Seite, denn so etwas passiert ja nicht alle Tage.

»Auweia«, jammerte die Frau.

»Können wir – äh – helfen?«, fragte Lotte.

»Auweia«, jammerte die Frau noch einmal.

»Können wir helfen?«, wiederholten Lotte und Julian noch einmal laut und im Chor.

Jetzt sah die alte Frau auf und nickte dankbar. »Ich fürchte, ich komme nicht mehr allein auf die Beine.«

Sie seufzte und versuchte sich einmal links und einmal rechts aufzurichten, aber es klappte nicht. Julian musste an einen Käfer denken, der auf dem Rücken liegt und nicht weiterkommt.

Er nahm sie vorsichtig am rechten Arm. Es fühlte sich merkwürdig an, einer fremden alten Frau so nah zu kommen.

Lotte nahm den linken Arm.

»Jetzt kräftig anschieben«, meinte die Frau und fügte noch ein »Auweia« hinzu.

Sie schoben, aber die Frau rutschte nur etwas nach vorne.

»Lieber ziehen«, ächzte sie.

Also zogen sie, aber das tat den Armen nicht gut und die Frau stöhnte auf.

»Vielleicht schieben und ziehen gleichzeitig?«, schlug Julian vor.

So schoben und zogen sie gleichzeitig und mit Schwung – und die alte Frau kam wieder auf die Füße.

»Puh«, machte sie.

Julian und Lotte sahen, dass sie eine sehr kleine alte Frau war, dünn und fast ein wenig durchsichtig.

»Danke«, sagte sie. »Wie heißt ihr denn?«

»Lotte«, sagte Lotte.

»Julian«, sagte Julian.

»Ich bin Frau Seidenschnur«, sagte die alte Frau, »und ich kenne euch schon lang.«

Die Kinder sahen sie erstaunt an.

»Na, ich wohne hier und schaue den ganzen Tag aus dem Fenster.«

»Wir wohnen gleich da vorne«, sagte Lotte.

»Weiß ich doch«, sagte Frau Seidenschnur. »Du in dem gelben Haus und Julian im weißen.«

Julian nickte. »Komisch. Sie wissen das alles, aber wir haben Sie noch nie gesehen.«

Frau Seidenschnur lächelte. »Ich bin nicht mehr so gut zu Fuß. Ich gehe nicht mehr spazieren, ich schaue nur aus dem Fenster. Aber es freut mich, wenn ich euch mit euren Rädern fahren sehe oder mit Rollerskates.«

Sie hielt inne.

»Mein Sohn hatte auch Rollerskates«, fügte sie schließlich hinzu. »Aber das ist lang her.«

»Wo ist er denn jetzt, Ihr Sohn?«, fragte Lotte, weil sie höflich sein wollte.

»Weit weg«, murmelte Frau Seidenschnur. »In Frankreich.«

»Wir waren im Urlaub in Frankreich«, sagte Julian. »So weit weg ist das gar nicht.«

»Eigentlich nicht«, gab Frau Seidenschnur zu. »Aber doch so weit, dass ich ihn seit Jahren nicht gesehen habe. Und schreiben tut er auch nicht.« Sie strich sich die Jacke glatt. »Ich will euch nicht aufhalten, ihr habt sicher Wichtigeres zu tun, als hier mit mir lahmer Schnecke im Regen zu stehen.«

Julian reichte ihr ihren Gehstock.

»Danke, Julian. Ich glaube, ich habe überall blaue

Flecken. Da werde ich doch nicht einkaufen gehen. Nicht, wenn es so rutschig ist.«

Mit diesen Worten schlurfte sie wieder zurück zu ihrem Haus. Das war übrigens rot. Vor dem Briefkasten hielt sie inne und schaute hinein.

»Vielleicht ist heute einmal ein Liebesbrief drin«, sagte sie und zwinkerte ihnen zu. »Nein, leider wieder nicht.«

»Es ist doch wirklich komisch«, sagte Lotte später, als sie in ihrem Kinderzimmer im gelben Haus saßen und gemeinsam Hausaufgaben machten. »Da wohnt man in derselben Straße und begegnet sich nicht.«

Julian nickte. »Und irgendwie traurig. Das mit Frau Seidenschnur und ihrem Sohn.«

»Meinst du, sie wartet wirklich auf einen Liebesbrief?«, fragte Lotte.

Julian grinste. »Glaube ich nicht. Das sollte wohl ein Witz sein.«

»Dann ist es aber ein trauriger Witz«, sagte Lotte. Plötzlich sah sie auf. »Weißt du was? *Wir* können ihr doch schreiben!«

»Wieso?«, fragte Julian erstaunt zurück. »Das ist doch peinlich.«

»Wir können ihr ja anonym schreiben«, meinte Lotte.

»Anonym? Was soll das heißen?«, fragte Julian zurück.

»Na – ohne Namen. Oder unter falschem Namen.« Lotte war ganz begeistert von ihrer Idee. »Da freut sie sich sicher. Komm, wir haben doch Briefumschläge gekauft!«

Julian war zuerst nicht ganz überzeugt, aber dann entschloss er sich, ein buntes Blumenbild zu malen.

Und Lotte schrieb: »*Liebe Frau Seidenschnur! Sie können sich freuen. Sie haben ein Blumenbild gewonnen. Es gratuliert mit freundlichen Grüßen ...*«

»... und hier unterschreibst du mit Krikelkrakel, dann denkt man, es ist die Zeitung oder die Gärtnerei oder der Pfarrer.« Lotte grinste. »Das sieht perfekt aus.«

Und während sie ihre Mama nach einer Briefmarke fragte, spazierte Julian noch einmal unauffällig an Frau Seidenschnurs Haus vorbei, um nach der Hausnummer zu schauen.

»Achtunddreißig«, sagte er, als er wieder zurückkam. »Wir könnten den Brief allerdings auch einfach selbst einwerfen.«

»Nein«, sagte Lotte bestimmt. »Der muss mit der Post kommen. Dann ist er amtlich und sieht richtig echt aus.«

»Schade, dass wir nicht dabei sind, wenn sie ihn öffnet«, sagte Julian.

Lotte nickte. »Und nächste Woche schreiben wir ihr wieder einen Brief.«

Eine Woche später schnitten sie lauter bunte Schmetterlinge aus.

»Liebe Frau Seidenschnur!«, schrieb Julian. »*Falls es draußen regnet, können Sie drinnen Schmetterlinge fliegen lassen. Das ist eine neue Idee unserer Firma. Hochachtungsvoll ...*«

Und diesmal unterschrieb Lotte mit Krikelkrakel. »Die Tarnung ist perfekt«, sagte sie zufrieden, als sie den Brief zuklebte.

Und die Woche darauf schrieben sie: »*Liebe Frau Seidenschnur! Heute sind die Erdbeeren besonders billig. Kommen Sie und kaufen Sie!*«

»Es ist Werbepost«, meinte Julian. »Und es stimmt sogar. Ich habe beim Laden vorne das Sonderpreisschild für Erdbeeren gesehen.«

Drei Tage später hatte Julian Post.

»Wer schreibt dir denn da?«, fragte seine Mama erstaunt und nahm den Brief aus dem Briefkasten.

»Mensch«, staunte Julian, als er den Absender las. »Das ist Frau Seidenschnur. Wie hat sie herausgefunden, dass wir die Absender waren? Wir waren doch super anonym!«

Mama schaute ihn verwundert an, sagte aber nichts.

Schnell lief Julian zu Lotte hinüber und gemeinsam öffneten sie den Brief.

»*Sehr geehrte Damen und Herren*«, las Julian vor und grinste. »*Ich habe soeben eine frische Lieferung Erdbeeren bekommen. Zum Sonderpreis. Und ich lade Sie herzlich zu einem Erdbeerkuchen ein. Samstag um zehn Uhr. Fragen Sie doch bitte Ihre hochverehrten Eltern, ob Sie eine halbe Stunde vorbeischauen dürfen. Die Adresse wissen Sie ja. Mit freundlichen Grüßen, Alma Seidenschnur.*«

Die beiden Freunde sahen sich an.

»Sollen wir?«, fragte Julian etwas unsicher.

»Logisch«, erwiderte Lotte. »Wann hast du das letzte Mal Erdbeerkuchen gegessen?«

»Bei meiner Oma«, sagte Julian. »Aber das war letztes Jahr. Sie wohnt ja weit weg.«

»Na, siehst du«, sagte Lotte. »Frau Seidenschnur wohnt ganz nah!«

Ihre Eltern erlaubten selbstverständlich, am Samstag für eine halbe Stunde zum Erdbeerkuchenessen zum Haus Nummer 38 zu gehen, nachdem sie die ganze Geschichte erfahren hatten.

Pünktlich um zehn Uhr klingelten sie bei Frau Seidenschnur.

Die Tür ging auf.

»Mein Erdbeerkuchenbesuch ist da«, sagte Frau Seidenschnur und winkte sie in die Küche. Es roch nach alten Möbeln. Auf dem Küchentisch stand ein wunderbarer runder, roter Erdbeerkuchen. Und ein Schälchen Sahne.

Über dem Küchentisch hingen lauter Fotos. Die meisten waren schon etwas verblichen. Auf einem war ein Kind mit Rollerskates zu sehen.

Und daneben hatte Frau Seidenschnur mit Tesafilm Julians Blumenbild und die kleinen ausgeschnittenen Schmetterlinge geklebt.

»Ich habe in letzter Zeit merkwürdige Post bekommen«, sagte sie. »Ich bin anscheinend ein Glückspilz. Erst habe ich ein Blumenbild gewonnen, dann hat eine Firma die gute Idee gehabt, kleine Schmetterlinge zu verschicken. Für Regentage. Und schließlich ...«

Sie zwinkerte den beiden Kindern zu.

»... schließlich habe ich den Hinweis erhalten, dass Erdbeeren zurzeit im Sonderangebot sind. Da musste ich doch einen Erdbeerkuchen backen!«

Lotte und Julian wurden rot.

»Da haben Sie ja wirklich Glück gehabt«, nuschelte Julian und setzte sich an den Küchentisch.

»Das will ich meinen«, antwortete Frau Seidenschnur. »Kinder wie ihr wissen eben, was glücklich macht.«

»Ja«, grinste Lotte und stieß Julian an. »Kinder wie wir.«

Wer suchet, der findet

»Mensch, Lotte, ich finde ihn einfach nicht!«

Julian tastete mindestens zum dritten Mal seine Jacke ab.

Kramte in seinen Hosentaschen.

Schüttete den Inhalt seines Sportbeutels auf den Gehsteig: T-Shirt, Hallenschuhe, Pausenbrotbox und Trinkflasche. Dazu noch einige Kaugummipapiere und undefinierbare graue Klumpen.

Alles war da.

Nur nicht der Haustürschlüssel.

Und das ausgerechnet heute, wo Mama und Papa erst zum Abendessen nach Hause kommen würden.

»Such noch mal«, versuchte Lotte ihm Mut zu machen. »Du hast ihn sicher übersehen!«

Julian stülpte die Hosentaschen nach außen.

Erst die rechte, dann die linke.

Nichts.

Er schüttelte die Turnschuhe einzeln aus.

Erst den linken, dann den rechten. Nichts.

Er schaute in die Pausenbrotbox.

Krümel. Aber kein Schlüssel.

Lotte überlegte. »Komm, wir gehen noch mal zum Spielplatz zurück. Vielleicht hast du ihn dort verloren.«

Sie waren auf dem Heimweg von Akrobatik gewesen. Das fand immer am Mittwochnachmittag im Sportzentrum statt. Danach hatten sie am Spielplatz noch eine halbe Stunde mit Marla, Fritzi und Achmed Fußball gespielt. Und waren in den Büschen und Bäumen herumgeklettert. Da kann schon mal etwas aus der Tasche fallen.

Julian nickte dankbar. »Wenn ich den Schlüssel nicht wiederfinde, dann gibt es sicher Ärger. Und rein komme ich auch nicht.«

Marla und Fritzi waren immer noch am Spielplatz und schaukelten.

»He«, rief Lotte, »kommt und helft uns suchen.«

Die beiden sprangen herunter und nickten, als sie verstanden hatten, um was es ging.

»Wir suchen mit System«, schlug Lotte vor. »Wo warst du denn überall, Julian?«

»Überall«, antwortete er unglücklich und schaute auf das wuchernde Gestrüpp, die Brennnesseln, die Holundersträucher und den Graben, der den Spielplatz zum Maisfeld hin begrenzte.

»Also«, sagte Lotte, »dann suchen wir eben überall. Im ganzen Gebüsch. Von vorne bis hinten.«

»Und im Graben«, fügte Julian hinzu. »Da war ich auch.«

Wer einen Schlüssel sucht, muss ganz genau hinschauen, und das taten sie auch. Sie hielten Ausschau nach allem, was glänzt.

»Was hier alles für Zeug liegt!«, rief Marla nach einigen Minuten empört.

Sie hielt mit spitzen Fingern eine Bierflasche und einen verrosteten Fahrradkorb in die Höhe.

»Hier ist sogar eine Schere«, rief Fritzi. »Aber sie lässt sich nicht mehr aufklappen.«

»So viel Müll«, sagte Lotte nachdenklich.

»Aber wir suchen keine Schere und keinen Fahrradkorb, wir suchen meinen Haustürschlüssel«, warf Julian ein, während er mit den Füßen vorsichtig die Brennnesseln auseinanderbog.

Lotte nickte. »Schon. Aber wenn wir schon mal dabei sind, können wir doch das ganze andere Zeug, das hier rumliegt, auch gleich aufsammeln.«

Julian sah sie verständnislos an. »Wir sind doch keine Müllmänner.«

»Nein«, gab Lotte zu. »Aber Müllmänner interessieren sich nur

für die Tonnen. Den Müllmännern sind das Gebüsch und der Graben total egal. Uns aber nicht.«

»Na gut.« Julian zog einen alten Schuh aus den Brennnesseln. »Schaut mal! Da hab ich gleich was!«

»Alles auf einen Haufen«, rief Lotte. »Dann tun wir doppelt Gutes. Wir helfen Julian und wir helfen dem Gebüsch.«

»Und wir helfen uns!«, ergänzte Fritzi. »Denn beim Spielen nervt der Müll doch auch.«

Marla fand dreiundfünfzig Kronkorken. Die meisten waren von Bierflaschen.

Fritzi sammelte siebzehn zerknüllte Zigarettenschachteln, sieben leere Trinktüten mit Strohhalm und zwei benutzte Babywindeln.

Lotte fand zwei Schnuller, drei Handvoll Schokoladenpapier und zehn Plastikflaschen.

Julian fand zwei Kisten und den zweiten Schuh. Und außerdem noch einen Kugelschreiber, mit dem man sogar noch ein bisschen schreiben konnte.

»Was machen wir mit Hundekacke?«, fragte Fritzi. »Da hätte ich hier drüben am Weg mehrere Portionen.«

»Die lassen wir natürlich liegen«, erwiderte Lotte und grinste. Alle lachten.

Den Haustürschlüssel allerdings fanden sie nicht und Julian schaute immer besorgter. Aber der Müllhaufen vor ihnen war schon ziemlich beeindruckend.

»Was macht ihr denn da?«, hörten sie in diesem Augenblick Bastian rufen. Er kam über die Fußballwiese gerannt.

»Aufräumen«, antwortete Fritzi. »Schau mal, was die Leute alles wegwerfen!«

»Ich mach mit«, rief Bastian und stürmte wild johlend ins Gebüsch.

»Wenn du beim Aufräumen einen Schlüssel findest«, rief Julian ihm hinterher, »das ist meiner!«

Auch Bastian fand den Schlüssel nicht, doch er sammelte vorsichtig Scherben aller Art in eine alte Dose, während Fritzi tatsächlich ein halbes Fahrrad aus dem Graben zog und Lotte drei eklige Plastiktüten auf den wachsenden Müllhaufen warf.

»Das ist ja mal eine tolle Idee«, hörten sie eine Frau mit roten Haaren sagen, die in diesem Moment mit zwei Einkaufstaschen in der Hand vorbeikam. »Großes Aufräumen am Spielplatz!«

Sie stellte die Taschen ab. »Ich habe gerade Mülltüten gekauft. Da könnt ihr den ganzen Dreck reintun!«

Lotte kam dazu. »Können wir machen! Dann sieht es noch besser aus.«

Julian fragte vorsichtig: »Sie haben nicht zufällig einen Haustürschlüssel gesehen?«

Das hatte die rothaarige Frau leider auch nicht, aber als sie die Mülltüten ausgepackt hatte, half sie ihnen sogar noch, die siebzehn Zigarettenschachteln, die sieben leeren Trinktüten mit Strohhalm und auch die benutzten Babywindeln hineinzuwerfen.

»Den Kugelschreiber nicht«, rief Julian, »der schreibt noch ein bisschen.«

»Kommt mal hierher«, hörten sie Bastian tief aus dem Gebüsch. »Kommt und schaut, was ich gefunden habe!«

»Meinen Schlüssel?«, rief Julian hoffnungsvoll.

Doch der war es wieder nicht.

Es war ein Sofa.

Ein Sofa ohne Füße, mit aufgeplatztem Bezug und Schimmel an den Lehnen.

»Meine Güte«, rief die rothaarige Frau. »Wie sollen wir denn das aus dem Gebüsch ziehen?! Wartet, ich hole meinen Mann!«

Während sie auf die Verstärkung warteten, suchten die Kinder noch die gesamte Fußballwiese ab, denn so ein Haustürschlüssel kann natürlich auch beim Fußballspielen aus der Hosentasche fallen.

Dort fanden sie drei Schokoriegelpapiere, sieben gebrauchte Taschentücher und achtundzwanzig Schnecken-

häuser. Die waren zwar kein Müll, aber sie nahmen sie trotzdem mit.

»Her mit dem Sofa!«, rief schließlich der Mann der rothaarigen Frau. Er hatte sogar Arbeitshandschuhe mitgebracht. »Das haben wir gleich!«

Zu siebt zogen sie das vergammelte Sofa aus dem Gebüsch.

Weil es natürlich in keine Mülltüte passte, stellten sie es daneben ab.

»Wisst ihr was?«, meinte der Mann schließlich. »Wo wir schon mal dabei sind, können wir doch auch noch den Müll wegräumen, der sich Richtung Marktplatz angesammelt hat! Da ist so viel Zeug, ich hab da sogar einen Autoreifen liegen sehen! Der ärgert mich schon lange.«

»Logisch«, rief Bastian und rannte gleich los. »Wir machen überall sauber! Wir sind die Saubermänner vom Dienst!«

Und weil Julian und Lotte nach Akrobatik auf dem Heimweg vom Sportzentrum auch am Marktplatz vorbeigekommen waren und deshalb Julians Schlüssel natürlich genauso gut dort liegen konnte, war auch Julian einverstanden, Richtung Marktplatz weiterzusuchen.

Es war wirklich unglaublich, was sie alles aus den Blumenkästen, den Hecken und den kleinen Grünstreifen neben den Geschäften zogen.

Vergammelte Bücher.

Matschige Zeitungen.

Weinflaschen und Kaffeebecher.

Und natürlich den Autoreifen.

Als sie gerade dabei waren, Pappbecher aus den Blumenbeeten vor der Bäckerei zu pflücken, kam der Bäcker vor die Tür.

Julian dachte erst, er wollte schimpfen, weil fünf Kinder und zwei Erwachsene in den Blumenbeeten herumstampften.

Erst schaute er auch ganz komisch, aber dann war er ganz begeistert von der Aufräumaktion.

»Leute, die für die Gemeinschaft arbeiten, brauchen Unterstützung«, sagte er. Und dann holte er für jeden einen Krapfen. »Die gibt's heute umsonst! Mit Grüßen aus der Backstube.«

»Mensch«, sagte Bastian, »das wird ja immer besser! Ich glaube, ich werde mal Müllmann.«

»Die bekommen aber nichts geschenkt«, sagte Lotte, lachte und biss in einen Krapfen.

»Es muss eben immer einer anfangen«, meinte die rothaarige Frau. »Wenn keiner anfängt, fühlt sich keiner zuständig. Wenn einer anfängt, machen die anderen auch mit.«

Lotte grinste und stieß Julian an. Eigentlich hatten sie ja nur Julians Haustürschlüssel gesucht. Aber jetzt waren sie stolz auf sich.

»Irgendetwas zwickt mich schon die ganze Zeit am Po«, beschwerte sich Julian und fasste sich an die hintere Hosentasche.

Hoppla!

Was war das?

Er tastete noch einmal.

Es war klein, hart und zackig, und als er erkannte, was sich da in seiner hinteren Hosentasche verklemmt hatte, wurde er knallrot wie eine Tomate.

»Ich – hab meinen Haustürschlüssel gefunden!«, stotterte er.

»Was?« Die Kinder starrten ihn entgeistert an.

»Wo lag er?«, rief Lotte.

»Nirgends«, sagte Julian kleinlaut. »Er steckte die ganze Zeit in meiner hinteren Hosentasche. Ich – äh – muss ihn übersehen haben.«

»Was für ein Glück, dass du ihn wiederhast!«, meinte Lotte und alle lachten. »Und was für ein Glück, dass er weg war. Sonst sähe es hier immer noch aus wie im Schweinestall!«

Feuer im Kopf

Der Tag, an dem Lotte und Julian loszogen, um Achmed aus dem Feuer zu retten, begann laut.

Sehr laut.

Brüllend laut.

Lotte zuckte vor Schreck zusammen.

Ein Brüllen rollte durchs Klassenzimmer, ein schriller Ton, der durch Mark und Bein ging. Julian, der neben Lotte saß und gerade seinen Bleistift spitzte, warf vor Schreck den Spitzer um, der Deckel sprang ab und die Späne flogen auf Lottes Jeans und weiter auf den Boden.

»Mist«, brüllte Julian noch lauter als das Brüllen, das aus dem Lautsprecher kam.

»Das heißt Entschuldigung«, brüllte Lotte zurück.

Achmed, der erst seit einem halben Jahr in ihrer Klasse war und immer nur etwas weniger als die Hälfte verstand, war vor Schreck aufgesprungen und starrte mit weit aufgerissenen Augen nach draußen. »Was – ist das?«

Natürlich wusste Lotte, was das war, was da so brüllte

und heulte, sie kannte es schon aus der ersten und aus der zweiten Klasse.

»Alle herhören!«

Frau Wildermann, die ihre Lehrerin war und wilde Locken hatte, brüllte jetzt auch. Lotte zuckte schon wieder zusammen, denn wenn Frau Wildermann brüllte, war sie normalerweise sauer.

War sie aber heute nicht, denn jetzt brüllte sie ganz freundlich weiter: »Das ist Feueralarm.«

»Was?«, schrie Bastian, hielt die Hand ans Ohr und grinste. »Ich kann nichts verstehen. Es ist so laut hier.«

Achmed verstand auch nichts und rief nur »Alarm, Alarm!«.

»Feu-er-a-larm«, wiederholte Frau Wildermann und rollte die Augen. »Alle lassen alles stehen und liegen und folgen mir. Keiner rennt, keiner überholt mich. Wir gehen auf den Pausenhof.«

»Meinst du, es brennt wirklich?«, schrie Lotte in Julians Ohr.

»Autsch, ich bin ja nicht taub!« Julian sah sich um.

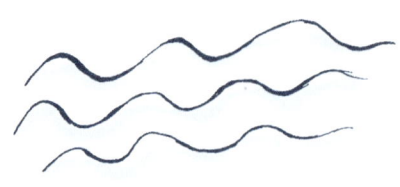

»Keine Ahnung. Die machen doch immer nur eine Probe.« Er biss sich auf die Lippen. »Meistens zumindest.«

Lotte nickte.

Aber irgendetwas in ihr war sich nicht sicher. Vielleicht war es doch ernst gemeint? Probealarm macht auch Probeangst.

»Alarm, Alarm«, rief Achmed noch einmal und sprang von einem Fuß auf den anderen.

»Wasser marsch«, brüllte Bastian, rannte zur Klassenzimmertür und riss sie auf. »Hurra! Die Schule brennt! Wir dürfen auf den Pausenhof!«

Frau Wildermann starrte ihm nach. »Keiner rennt! Hast du nicht verstanden, was ich gesagt habe?«

»Nein«, hörte Lotte Bastian zurückrufen. »Es ist einfach zu laut.«

Laut war es wirklich. Die Sirene waberte durch jedes Zimmer und jeden Gang. Wahrscheinlich war sie sogar auf den Klos zu hören.

Als Lotte und Julian durchs Treppenhaus nach unten gingen, sahen sie, dass aus allen Ecken des Schulhauses die Kinder herausströmten, ein aufgeregter Haufen in Hausschuhen auf dem Weg zum Pausenhof, zur Probe auf der Flucht vor dem Feuer.

Frau Wildermann legte einen Zahn zu, damit sie wenigstens einigermaßen vorne blieb und nicht von allen Kindern aus allen Klassen überholt wurde.

Draußen war es kühl. Lotte hielt Ausschau nach Feuer oder Rauch.

Puh – nichts zu sehen.

Nichts zu riechen.

Nichts zu fürchten.

»Doch nur Probealarm«, sagte sie.

»Gut, dass ich nicht alles stehen und liegen gelassen habe, wie Frau Wildermann gesagt hat«, grinste Julian und schob sich ein Stück Apfel in den Mund. Er deutete auf seine Pausenbrotbox. »Willst du auch?«

Lotte schüttelte den Kopf. Sie war auch ohne echtes Feuer zu aufgeregt, um zu essen.

Endlich verstummte die Sirene wieder und mit ihr verstummten in Sekundenschnelle alle Kinder. Sogar Julian hörte auf zu kauen. Es war, als würden alle aufatmen. Obwohl es nur eine Übung gewesen war.

Als sie wieder im Klassenzimmer waren, fehlte Achmed.

»Wahrscheinlich hat er mal wieder nichts verstanden«, meinte Bastian und grinste.

»So wie du«, sagte Frau Wildermann und drohte mit dem Finger.

»Aber bei Achmed liegt es nicht am Lärm«, erwiderte Bastian und einige lachten.

Frau Wildermann seufzte und schickte vier Kinder los, um Achmed zu suchen. Noah und Enya sollten auf dem Pausenhof nachsehen, Julian und Lotte im Schulhaus. Aber dabei sollten sie auf keinen Fall irgendwelche Faxen machen.

»Ist es Faxen machen, wenn wir laut nach ihm rufen?«, fragte Lotte, als die beiden auf dem Gang standen.

Leises Gemurmel drang aus den Klassenzimmern rechts und links.

»Glaube nicht«, meinte Julian. »Das ist eine Notmaßnahme.«

Und so riefen sie laut nach Achmed.

Im ganzen ersten Stock riefen sie, bis die Sekretärin die Nase aus der Tür steckte. Sie schauten in der Garderobe, in der Aula und auch auf den Klos nach, sogar auf den Mädchenklos.

Kein Achmed.

»Wieso antwortet er nicht?«, fragte Julian und drehte sich ratlos im Kreis.

»Vielleicht«, überlegte Lotte, »vielleicht ging es ihm wie mir. Nur schlimmer.«

»Wie ging es dir denn?«, fragte Julian.

Lotte zögerte. »Ich war mir nicht sicher.«

»Nicht sicher, ob es nur Probe war?«

Lotte nickte. »Und überhaupt.«

»Verstehe.« Julian dachte nach. »Wo rennt man hin, wenn man sich nicht sicher fühlt?«

»Einfach weg?«, schlug Lotte vor.

»Hm – dann wäre er ja nach draußen gelaufen und auf dem Pausenhof gelandet wie wir alle«, meinte Julian.

»Wenn man sich nicht sicher ist, möchte man sich verkriechen«, überlegte Lotte.

»Dann – komm mit!«, rief Julian. »Ich habe eine Idee.«

Er lief voran, die Treppe hinunter in den Keller.

»Achmed?«

Hier war der Werkraum mit der Töpferscheibe und dem Brennofen und den schweren Werkbänken.

»Achmed!«

Unter der letzten Holzbank fanden sie ihn.

Er saß da und hielt sich noch immer mit den Händen die Ohren zu.

Julian grinste ihn an. »He, Achmed – nimm die Hände weg!«

Achmed starrte ihn an und bewegte sich nicht.

»Hände weg!«, schrie Julian extralaut, aber es lag nicht an der Lautstärke und nicht an den Händen über den Ohren, dass Achmed sie nicht verstand.

Lotte krabbelte zu ihm unter den Tisch. »Was hast du denn?«

»Es brennt«, sagte Achmed und hielt sich weiter die Ohren zu.

»An den Ohren?«, fragte Julian.

»Am Himmel«, sagte Achmed. »Überall Feuer.«

Da merkten sie, dass Achmed geweint hatte.

Und Lotte erinnerte sich, was Frau Wildermann am Anfang des Schuljahres gesagt hatte: dass Achmed aus Syrien kommt, wo Krieg herrscht, seit Jahren schon. Und dass er mit seiner Mutter fliehen konnte. Sein Vater aber hatte es nicht geschafft. Vielleicht brennt im Krieg der Himmel?

»Das war nicht echt«, sagte Lotte leise und legte ihre Hand auf seine Schulter. »Das war kein echter Feueralarm.«

»Das war nur eine Übung«, ergänzte Julian mit heiserer Stimme. »Für den Fall der Fälle.«

»Es brennt«, sagte Achmed wieder und trommelte sich mit den Händen auf die Ohren. »Sie kommen.«

Er schaute sie nicht an.

Julian beugte sich zu Lotte. »Ich glaube, bei ihm brennt's im Kopf.«

Lotte nickte.

Unschlüssig betrachtete sie Achmed, der immer noch unter dem Tisch saß, stumm und mit Angst im Gesicht. Ihr Blick wanderte durch den Raum, vorbei an der Töpferscheibe, dem Brennofen, der Kiste mit Speckstein bis zum Waschbecken.

Das Waschbecken!

Mit einem Satz war sie dort und füllte einen Eimer mit Wasser.

»Wenn es brennt, muss man löschen«, sagte sie entschlossen.

Und dann schüttete sie Achmed das Wasser über den Kopf.

Einfach so.

Es war ein Notfall.

In Achmeds Kopf brannten die Erinnerungen.

Lotte hielt die Luft an.

Achmed schrie auf und starrte sie überrascht an.

Das Wasser tropfte aus seinen Haaren.

»Noch mal?«, fragte Lotte und grinste.

Achmed schüttelte sich.

Die Hände hatte er von den Ohren genommen.

»Spinnst du?«, knurrte er schließlich. »Was tust du? Ich bin nass von oben bis unten!«

»Hast du …« Julian zögerte. »Hast du gedacht, es brennt wirklich?«

»Quatsch.« Achmed stand auf und strich sich das T-Shirt glatt. »Wieso soll es brennen?«

Lotte und Julian sahen sich an.

»Eben«, sagte Lotte. »Wieso sollte es? War ja nur Probealarm.«

Achmed atmete tief aus. »Eben.«

»Kommt«, meinte Julian schließlich. »Frau Wildermann wartet auf uns. Oben im Klassenzimmer.«

»Wieso bist du so nass?«, fragte Frau Wildermann, als sie Achmed sah.

»Wir haben gelöscht«, sagte er.

»Gelöscht?«

Achmed nickte. »Das Feuer.«

»Fürs Löschen ist die Feuerwehr zuständig«, meinte Frau Wildermann.

Da hatte Lotte eine Idee.

»Bei einem Probealarm machen doch alle alles zur Probe?«, fragte sie.

Frau Wildermann nickte. »Natürlich. Für den Fall der Fälle.«

»Warum kommt dann nicht auch die Feuerwehr zur Probe?«

Frau Wildermann schaute sie fragend an.

»Wenn man weiß«, versuchte Lotte zu erklären, »dass die Feuerwehr auch wirklich kommt, wenn die Sirene geht, und dass die Feuerwehr auch wirklich löschen kann, dann … dann … fühlt man sich doch anders. Besser. Sicher.«

»Tatütata«, rief Bastian von hinten und alle lachten. »Die Feuerwehr ist da.«

Frau Wildermann schwieg.

Sie warf einen Blick auf Achmed.

Seine Haare waren immer noch nass.

Und da schien sie zu verstehen.

Zwei Wochen später fuhr ein Feuerwehrauto vor, ein echtes rotes, mit Leiter und Schläuchen, Blaulicht und Sirene, mit Feuerwehrmännern mit Helmen auf dem Kopf und Handschuhen an den Händen.

An diesem Tag wurde nicht nur Achmed nass. Denn sie durften der Reihe nach den Schlauch halten und mussten versuchen, ein Feuer aus Holz und Farbe zu löschen.

»Was habe ich doch für schlaue Schüler«, sagte Frau Wildermann und sah dabei stolz aus, »Schüler, die genau wissen, was wichtig ist zu lernen.«

»Ja«, nickte Lotte und stieß Julian in die Seite. »Zum Beispiel, was für ein Glück es ist, dass die Feuerwehr kommt, wenn man sie ruft!«

Hundeleben

Der Tag, an dem Julian und Lotte Charlie vor dem Tod bewahrten und ihn trotzdem begraben mussten, begann warm.

Die Sonne schien, die Vögel zwitscherten und die Blumen strahlten, als wäre die Welt in Ordnung.

War sie aber nicht.

Schon seit gestern nicht.

Julian saß auf der Terrasse neben Charlie und streichelte ihn.

Charlie war sein Hund. Oder besser gesagt Mamas und Papas Hund, denn sie hatten ihn lange vor seiner Geburt gekauft.

Charlie war schon sehr, sehr alt und dagegen half keine Medizin.

Es klingelte und Lotte kam auf die Terrasse.

»Was ist denn los?«, fragte sie, als sie Julian in die Augen schaute. Er sah aus, als hätte er ein bisschen geweint.

»Charlie muss eingeschläfert werden«, sagte er leise.

»Was?« Lotte kniete sich neben ihn. »Was heißt das?«

»Das heißt«, begann Julian zögernd, »dass wir ihn nachher zum Tierarzt bringen und dann wird er totgespritzt.«

Da sagte Lotte erst einmal gar nichts mehr.

Julian streichelte mechanisch das dunkle Fell.

Charlie ist einfach alt, hatte Mama gesagt.

Er kann nicht mal mehr anständig laufen, hatte Papa gesagt.

Es ist eine Erlösung, hatte Mama gesagt.

Es ist die einzige Lösung, hatte Papa gesagt.

Alle drei hatten sie schweigend im Frühstücksmüsli gerührt.

Und jetzt saß Julian hier und war so traurig, dass er es kaum aushalten konnte.

»Du?«, fragte Lotte leise. »Warum muss das so sein?«

Julian zuckte die Achseln und schwieg. »Weil er zu alt ist. Weil er nicht mehr gehen kann. Weil er krank ist.«

»Meine Oma ist auch alt«, erwiderte Lotte. »Sie kann auch nicht mehr gehen. Und sie ist auch krank. Aber sie wird nicht zum Arzt gebracht und eingeschläfert. Sie ist im Altenheim.«

Sie schwiegen beide.

Charlie atmete schwer, Julian konnte es spüren.

»Er würde sowieso sterben«, sagte er leise und war wütend auf die Sonne, die an diesem Tag so tat, als sei alles wie immer. Wütend auf die Vögel, die vom Dach herunter voller Lebensfreude zwitscherten. Er war sogar wütend darauf, dass er so wütend war.

Lotte nickte und dachte nach. »Sterben würde er sowieso.«

Dann sagte sie: »Aber es macht einen Unterschied, ob man sowieso stirbt oder ob man totgespritzt wird.« Sie machte eine Pause. »Finde ich.«

Julians Papa kam zu ihnen. Er schaute sie an und wusste wohl nicht, was er sagen sollte, denn er trat nur von einem Fuß auf den anderen und schwieg.

»Ich bin auch traurig«, sagte er schließlich leise und fuhr Julian über den Kopf. »Das ist der Lauf der Welt.«

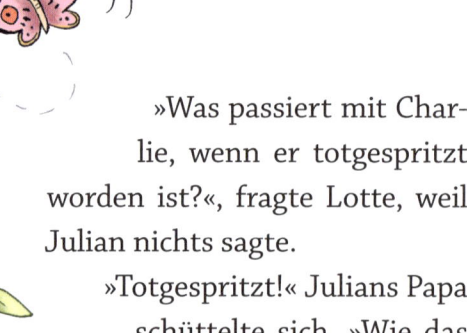

»Was passiert mit Charlie, wenn er totgespritzt worden ist?«, fragte Lotte, weil Julian nichts sagte.

»Totgespritzt!« Julians Papa schüttelte sich. »Wie das klingt. Charlie wird eingeschläfert.«

»Und – was passiert mit ihm, wenn er – eingeschläfert worden ist?«, fragte Lotte noch einmal.

»Dann …« Julians Papa seufzte. »Dann kommt die Tierkörperverwertung und nimmt ihn mit.«

Tierkörperverwertung.

»Er kommt also auf den Müll!«, fuhr Julian auf.

»Na, na, sag doch so was nicht«, erwiderte sein Vater. Aber er widersprach nicht. Seufzend hockte er sich neben die beiden und nahm einen neuen Anlauf: »Schaut doch: Charlie hat Schmerzen und wir können nichts mehr für ihn tun.«

»Vielleicht lebt er aber trotzdem lieber noch ein bisschen«, sagte Lotte leise.

Julian warf ihr einen dankbaren Blick zu.

»Ich habe Waffeln gebacken«, sagte in diesem Augenblick Julians Mama, die mit einem Tablett in der Hand auf die

Terrasse kam. »Das schmeckt dir doch, Julian. Oh – hallo Lotte.«

»Hallo«, sagte Lotte.

Schweigend saßen sie am Gartentisch.

Lotte aß aus Höflichkeit eine Waffel.

Sie sah Julian an. Der schaute in den blauen Himmel und brachte keinen Bissen herunter.

»Wenn wir Charlie Schmerzmittel geben und ihn anständig pflegen«, sagte sie plötzlich und war erstaunt über ihre eigene Idee, »dann – müsste er doch nicht totgespritzt werden?«

»Sag doch lieber eingeschläfert«, murmelte Julians Papa.

Julian sprang auf. »Es ist doch egal, wie du es nennst, es bleibt genauso schlimm!«

Sein Papa schwieg.

»Hat denn Lotte nicht recht?« Julians Stimme klang ganz klein.

Seine Mama seufzte. »Kinder, was ihr wieder denkt.«

»Es macht einen Unterschied«, sagte Julian trotzig.

Alle saßen da und dachten an den Unterschied, den es machte.

»Wir könnten ja bei ihm sitzen«, sagte Lotte schließlich. »Bei Charlie. Tag und Nacht.«

Julians Eltern sahen sich an.

»Also …«, begann sein Papa.

»Also …«, begann seine Mama.

Dann schwiegen beide.

Schließlich sagte seine Mama: »Es ist ja Wochenende. Bis Montag könnt ihr euch noch um ihn kümmern. Bis Montag können wir warten, oder?«

»Also …«, sagte sein Papa noch einmal, dann schluckte er.

»Und Schmerzmittel haben wir ja noch da«, meinte seine Mama. »Das gibt's nämlich auch für Hunde.«

Julian spürte plötzlich eine Freude in sich. Trotz der großen Traurigkeit. Es war ganz komisch. Eine traurige Freude.

»Danke«, sagte er und umarmte seine Eltern.

Und Lotte fragte: »Darf ich dann hier übernachten?«

Sie durfte.

Natürlich durfte sie.

Sie legten Matratzen neben den Hundekorb, in dem

Charlie lag. Er konnte nichts mehr machen, außer schnaufen und sie ab und zu anschauen. Lotte und Julian streichelten ihn abwechselnd.

Sie streichelten ihn abwechselnd, bis sie müde wurden und einschliefen. Denn auch wer ganz traurig ist und jede Minute mit einem sehr alten Hund genießen will, weil jede Minute ja die letzte sein könnte, muss irgendwann schlafen.

Am Morgen war Charlie verschwunden.

»He«, rief Julian aufgeregt. »Er ist weg! Wer hat ihn denn geklaut?«

Lotte rieb sich die Augen. »Vielleicht ist er direkt in den Himmel geflogen?«

Aber das glaubte sie natürlich nicht wirklich.

Sie fanden Charlie hinter dem Sofa. Dorthin hatte er sich zurückgezogen, um zu sterben.

Und jetzt war er tot.

Es war seltsam an diesem Tag: Die Sonne schien schon wieder heiß und kräftig, als wollte sie gegen alles Tote und Kalte anstrahlen.

Julian weinte. Na klar.

Lotte weinte auch, obwohl es nicht ihr Hund gewesen war. Aber wenn der beste Freund weint, kann man manchmal nicht anders, man muss mitweinen.

»Es ist seltsam«, sagte Julian schließlich, als er genug geweint hatte. »Ich bin traurig. Aber ich bin auch stolz.«

Lotte nickte. »Ja. Weil wir ihn nicht totgespritzt haben.«

Charlie kam dann auch nicht zur Tierkörperverwertung. Sie begruben ihn hinten im Garten beim Jasmin.

»Ruhe in Frieden«, sagte Lotte.

»Ich werde dich vermissen«, sagte Julian, und irgendwie war alles sehr feierlich. Sie hatten sogar ein Kreuz gebastelt. Aus Stöcken.

Dann aßen sie die restlichen Waffeln, denn jetzt spürten sie plötzlich, wie hungrig sie waren.

»Das habt ihr richtig gut gemacht«, sagte Julians Mama schließlich, und sein Papa nickte.

»Ihr habt es auch richtig gut gemacht«, erwiderte Julian, und Lotte nickte.

Und Julian sah, wie seine Eltern rot wurden.

Olympische Revolution

Der Tag, an dem Julian und Lotte die Olympischen Spiele neu erfanden, begann damit, dass Julian seinen Sportbeutel zu Hause vergessen hatte.

Dabei veranstalteten heute sämtliche Klassen an der Schule Olympische Spiele und alle Kinder sollten zeigen, wie schnell und wie lange sie laufen und wie weit sie springen können und überhaupt, wie sportlich sie sind.

»Wenn du dein Sportzeug vergessen hast, musst du eben barfuß mitmachen«, sagte Frau Wildermann. »Selbst schuld.«

Julian ärgerte sich, denn barfuß hatte er keine Chance. Er würde beim Laufen der Letzte werden. Und beim Weitsprung sowieso.

»He, Julian«, rief Bastian und knuffte ihn in die Seite. »Das wird wohl nichts mit der Goldmedaille.«

Noch schlimmer als Julian war Svenja dran. Denn sie war die Kleinste in der Klasse, und weil ihre Beine nicht so lang waren wie die der anderen, konnte jeder sie locker abhängen. Sie hatte es in Sport immer am schwersten, auch mit Schuhen.

Zuerst standen sie an der Sandkiste für den Weitsprung an.

Lotte konnte wunderbar weit springen, das wusste jeder, und es gelang ihr auch heute.

Julian lief ganz vorsichtig an, weil die spitzen kleinen Steine ganz schön piksten, und sprang nur halb so weit wie sonst.

Aber Lotte lachte nicht, schließlich waren sie Freunde.

Svenja fiel schon beim Anlauf hin. Wahrscheinlich, weil sie es dieses Mal ganz besonders gut machen wollte.

»He, Svenja«, rief Bastian, »setz dich lieber gleich auf die Bank und schau zu, nicht, dass du dir noch was brichst.«

Julian sah, wie ihr Tränen in die Augen stiegen.

Frau Wildermann blies in ihre Schiedsrichterpfeife. »Weiter geht's! Nur die Besten bekommen eine Medaille, denkt immer daran! Bastian liegt im Augenblick vorne! Also strengt euch an, wenn ihr ihn in der Gesamtwertung noch einholen wollt.«

Bastian feixte. »Na los, versucht es doch, ihr lahmen Enten!« Er boxte siegessicher in die Luft und zog ein wildes Gesicht.

»Pah!«, schimpfte Lotte hinter ihm her. »Was ist denn in den gefahren? So ein Angeber!«

Julian nickte und rieb sich seine nackten Füße.

Svenja sagte nichts.

Man konnte sehen, dass sie schon Angst vor der nächsten Station hatte.

Weitwurf.

Julian warf dreimal mittelmäßig.

Lotte sehr weit, so wie immer.

Svenja war so aufgeregt, dass sie den Ball zu spät losließ. Er flog nach hinten weg.

»Minus zehn Meter«, rief Bastian und lachte laut. »Bei Svenja muss man ja echt aufpassen, dass sie einen nicht erschlägt.«

Frau Wildermann pfiff noch einmal laut. »Jetzt reißt euch mal ein bisschen zusammen. Wir wollen doch alle nicht, dass unsere Klasse im Schulvergleich besonders schlecht dasteht.«

»Was sollen wir machen, wenn wir solche Pfeifen wie Svenja dabeihaben?«, beschwerte sich Bastian und kickte in die Luft.

»Mensch, Svenja«, sagte Julian, »mach dir nichts draus. Das kann doch jedem passieren.«

Svenja sagte nichts. Sie kämpfte wieder mit den Tränen.

Lotte warf sich neben Julian ins Gras. »Das Ganze ist doch total ungerecht«, knurrte sie. »Svenja ist eben kleiner.«

»Und ich bin eben barfuß«, murmelte Julian.

»Jeder kann doch etwas anderes besonders gut«, meinte Lotte. »Wenn nur Schnelligkeit und Stärke zählen, ist das doch total ungerecht.«

Julian nickte. »Wir bräuchten ganz andere Olympische Spiele. Bei denen jeder wirklich das zeigt, was er kann.«

»Malen«, sagte Lotte nachdenklich.

»Witze erzählen«, kicherte Julian.

»Rechnen, singen, tanzen«, fiel Lotte ein.

»Kochen«, rief Julian. »Da würde meine Omi gewinnen! Obwohl sie kaum noch laufen kann.«

»Pantomime«, zählte Lotte weiter auf. »Sachen suchen.«

»Das kann ich auch alles nicht«, murmelte Svenja.

»Was kannst *du* denn besonders gut?«, wollte Lotte wissen.

»Nichts«, murmelte Svenja leise.

»Stimmt doch nicht«, rief Lotte beinah ärgerlich. »Mit dir kann man super Quatsch machen.«

»Dann brauchen wir also auch eine Quatschstation bei unseren Olympischen Spielen«, überlegte Julian. »Die können wir ja morgen veranstalten. Dann muss niemand traurig sein.«

»Meinst du das jetzt ernst?«, fragte Lotte.

»Nein«, sagte Julian.

Dann dachte er nach.

»Doch«, sagte er schließlich.

Lotte lachte. »Komm, wir schlagen es Frau Wildermann vor. Wir machen einfach nicht mehr mit bei dem Blödsinn.«

Ihre Lehrerin war gerade dabei, die Weitwurfergebnisse in eine Tabelle einzutragen.

»Wir wollen nicht mehr mitmachen«, sagte Lotte.

»Was?« Frau Wildermann fuhr hoch, denn das hatte offenbar noch keiner zu ihr gesagt.

Lotte nickte bestimmt. »Was soll uns diese gesamte Olympiade denn bringen? Svenja weint, weil sie klein ist. Bastian ist sauer auf Svenja, weil sie klein ist. Svenja ist sauer auf Bastian, weil er sauer auf sie ist.«

»Und mir tun die Füße weh«, ergänzte Julian.

»Aber alle Klassen machen mit, und Wettbewerb spornt doch auch an«, meinte Frau Wildermann.

»Diejenigen, die gut sind, vielleicht«, sagte Lotte herausfordernd. »Uns spornt das nicht an.«

Frau Wildermann seufzte.

Sah die Kinder an und seufzte wieder.

»Ihr seid mir kleine Revoluzzer«, brummte sie schließlich.

»Was sind Revoluzzer?«, fragte Julian.

»Leute, die eine Revolution anzetteln«, murmelte Frau Wildermann.

»Und was ist eine Revolution?«, wollte Lotte wissen.

Frau Wildermann seufzte wieder. »Na, wenn Leute aus Protest alles auf den Kopf stellen.«

»Um es besser zu machen?«, wollte Lotte wissen.

»Auch das«, sagte Frau Wildermann.

»Dann sind wir gerne Revoluzzer! Wir wollen es besser machen!«, rief Lotte. »Los! Wir veranstalten morgen ganz andere Olympische Spiele. Mit folgenden Stationen: Singen, Malen, Lachen, Kochen, Quatschmachen, Ideen haben!«

Julian ergänzte: »Und Luftballontanz, Kopfrechnen und Arabisch.«

»Arabisch?« Frau Wildermann schaute ihn verwundert an. »Was soll denn das?«

»Na, da gewinnt Achmed auf alle Fälle«, meinte Julian. »Jeder soll doch mal gewinnen können.«

»Aber Achmed wird heute schon die Silbermedaille bekommen«, meinte Frau Wildermann und zeigte auf die Tabelle.

»Macht doch nichts«, sagte Lotte. »Man darf auch mehrmals gut sein.«

»Aber wie sollen wir das alles im Klassenzimmer hinbekommen?«, fragte Frau Wildermann.

»Nicht im Klassenzimmer«, rief Lotte und stieß Julian an. »Das veranstalten wir hier draußen. Auf dem Sportgelände. Wie es sich für echte Olympische Spiele gehört.«

Und so machten sie es, denn als sich die Idee erst einmal herumgesprochen hatte, wollten alle mitmachen. Sogar Bastian, der heute die Goldmedaille gewonnen hatte.

»Ich hab auf alle Fälle schon gezeigt, was ich

kann«, sagte er. »Da kann ich beim Kochen ruhig schlecht sein. Ich kann nämlich nur Wasser kochen.«

Frau Wildermann organisierte riesige Tuben mit Farben und eine Rolle Papier, Luftballons und Musikinstrumente. Und jeder brachte etwas mit, was er besonders gern machte.

Julian hatte ein Spezialrezept von seiner Omi dabei. »Kraftsuppe«, las er vor. »Meine Mama hat mir die Zutaten mitgegeben.«

Auch Svenja hatte etwas gefunden. Sie stellte einen ganzen Korb voller Stoffe, Nadeln und Wollreste auf die Wiese. Und zwei selbst gemachte kleine Stoffmonster.

»Wow! Kannst du für mich auch mal so eins nähen?«, fragte Lotte. Und sogar Bastian staunte.

Allerdings kamen sie mit ihren ganz besonderen anderen Olympischen Spielen an diesem Tag nicht weit. Denn nach dem Luftballon-Wettaufblasen (das Frau Wildermann gewann) wollte die Hälfte der Klasse wissen, wie man kleine Monster nähen kann, und die andere Hälfte schnippelte Gemüse für die Kraftsuppe und lernte dabei Arabisch bei Achmed.

Brot heißt zum Beispiel »Chubs«.

Und Suppe heißt »Schurba«.

»Puh«, sagte Frau Wildermann, die vom Luftballonaufblasen noch etwas außer Atem war. »Wir wollten doch noch so viele andere Stationen ausprobieren.«

»Dann machen wir eben Olympische Wochen«, schlug Julian vor.

»Na, am besten, ihr schreibt gleich den ganzen Lehrplan um und Julian wird Schuldirektor«, sagte Frau Wildermann.

»Einverstanden«, sagte Julian. »In Direktorsein bin ich sicher sehr gut. Fast so gut wie in Quatschmachen.«

Zeltplatz mit Rosen

Der Tag, an dem Lotte mit Mama, Papa und ihrer kleinen Schwester Nina zum Zelten fahren wollte, war ein schwarzer Tag, denn Mama stolperte noch vor dem Frühstück über ihre Arbeitstasche, knickte um und konnte nicht mehr laufen.

»Bänderriss«, sagte der Arzt.

»Stillhalten«, sagte er dann noch, »und keine Abenteuer, bitte.«

Aus, der Traum vom Zelten.

Seit Wochen hatten sie davon gesprochen, wie schön es sein würde, wenn die ganze Familie zum Zelten wegfährt und endlich wieder mal viel Zeit miteinander hat.

»Das ist so gemein«, sagte Lotte und Julian nickte.

Gleich nach dem Frühstück war

sie zu ihm hinübergelaufen, um ihm von dem schwarzen Tag zu erzählen.

»Das ganze Wochenende ist versaut«, schimpfte Lotte weiter. »Mama sagt sogar, der ganze Sommer ist futsch. Jetzt liegt sie im Bett und man darf sie nicht stören, Nina weint die ganze Zeit und Papa sitzt schon wieder vorm Computer.«

Julian nickte wieder. »Gemein.«

»Dabei haben wir doch das neue Zelt. Und Lagerfeuer wollten wir machen. Und Stockbrot. Sogar die Grillwürstchen haben wir schon gekauft.«

»Und heute ist so schönes Wetter«, sagte Julian, aber das machte das Ganze nur noch schlimmer.

Eine Zeit lang saßen sie nebeneinander und schwiegen.

Eine Biene umkreiste sie summend.

Der Himmel war wolkenlos.

Ein perfekter Zelthimmel.

Plötzlich sahen sie sich an.

Sie hatten gleichzeitig dieselbe Idee gehabt.

»Ihr könntet doch ...«, begann Julian.

»... genau, wir könnten trotzdem ...«, fiel Lotte ein.

»... trotzdem Zelten ...«, rief Julian.

»... bei uns im Garten!«, ergänzte Lotte. »Und du machst mit!«

»Ja! Und Lagerfeuer machen wir auch!«, rief Julian.

»Und sogar Stockbrot«, sagte Lotte.

»Deine Mama darf ihr Bein auf ein Kissen legen«, meinte Julian. »Aber sie bekommt das Stockbrot draußen im Garten serviert, damit nicht ihr ganzer Sommer futsch ist.«

»Warte.« Lotte verzog das Gesicht. »Das erlauben Mama und Papa bestimmt nicht. Keine Abenteuer, hat der Arzt gesagt. Und Feuer haben wir bei uns im Garten noch nie gemacht.«

»Ach was!« Julian sprang auf. »Wenn das Zelt erst mal steht, kann keiner was dagegen haben! Los, wir probieren es aus! Wir müssen den Sommer retten!«

Sie liefen hinüber zu Lotte, huschten heimlich hinunter in den Keller, wo Zelt, Luftmatratzen und Campingstühle lagerten. Nina saß traurig in einer Ecke.

»Nina«, sagte Julian. »Wir brauchen dich!«

»Aber du musst leise sein«, fügte Lotte hinzu. »Wir bauen nämlich das Zelt bei uns im Garten auf.«

»Wirklich?« Nina sah auf. »Heimlich?«

»Wirklich und heimlich«, sagte Lotte.

»Mensch!« Nina begann zu grinsen, dass man ihre beiden Zahnlücken sah. »Lotte, das ist ja super! Unser Garten wird ein Campingplatz!«

Zu dritt schlichen sie nach oben und schleppten Zelt und Campingstühle auf die Wiese.

Niemand war zu sehen.

Mama lag sicher immer noch im Bett und sperrte den Sommer aus. Und Papa starrte sicher immer noch frustriert auf seinen Computer.

Leise.

Gemeinsam steckten die drei die Zeltstangen zusammen. Und gemeinsam gelang es ihnen auch, das Zelt aufzurichten.

Nina durfte die Heringe in den Boden schlagen. Und Julian spannte die Zeltschnüre, so straff es ging.

Noch immer hatten die Eltern nichts bemerkt.

»Wow!« Lotte nickte zufrieden. »Ist das nicht ein wunderschönes Zelt!«

»So!« Julian klatschte in die Hände. »Jetzt brauchen wir nur noch die Feuerstelle!«

»Pst«, machte Lotte, denn er hatte ziemlich laut geklatscht.

»Ich sammle Holz«, flüsterte Nina und grinste ihr Zahnlückengrinsen. »Ich weiß auch schon, wo! Im Keller! Da liegt noch ein Haufen Holz, weil Papa mir doch das Regal gebaut hat.«

»Könnte sein, dass Papa das Holz im Keller noch braucht«, flüsterte Lotte zweifelnd zurück.

Aber Nina meinte, sicher nicht und das läge ja sowieso kreuz und quer, und sie schleppte allerhand Holzlatten und Bretter an, während Julian und Lotte aus den dicksten Steinen, die sie am Zaun und in den Rosenbeeten finden konnten, einen Ring legten. Für die Feuerstelle.

»So«, sagte Julian schließlich zufrieden und stellte die Campingstühle auf. »Jetzt ist euer Garten ein richtiger

Campingplatz. Wir können Geld für die Übernachtung verlangen.«

»Erwachsene fünf Euro«, kicherte Lotte. »Kinder frei.«

»Sehr gut. Wenn deine Eltern mit ins Zelt wollen, macht das zehn Euro«, sagte Julian. »Das lohnt sich.«

»Ich weiß sogar, wie man Stockbrotteig macht«, sagte Lotte. »Wie Pizzateig. Nur ohne Pizza. Kommt.«

In der Küche saß Lottes Papa vor dem Laptop und seufzte. »Manchmal läuft eben alles schief«, hörten sie ihn murmeln, während er auf den Bildschirm starrte.

Lotte und Julian verkniffen sich das Lachen. Lottes Papa konnte ja nicht ahnen, dass er heute noch zu Stockbrot und Würstchen und einem echten Zelturlaub kommen würde.

Lotte holte Mehl und ein Päckchen Trockenhefe aus der Speisekammer. Julian schüttete alles in eine Schüssel, gab noch Öl, Wasser und ein bisschen Salz dazu. Und dann kneteten sie zu dritt den Stockbrotteig, bis er Blasen schlug.

»Was macht ihr da eigentlich?«, fragte Lottes Papa plötzlich unvermittelt und sah auf.

»Äh – das wird eine Überraschung«, sagte Lotte.

»Also ich weiß nicht, ob heute der richtige Tag für Überraschungen ist«, erwiderte ihr Papa. »Wo doch der ganze Sommer futsch ist.«

»Warte es ab, Papa«, rief Nina und hüpfte von einem Bein aufs andere, doch er winkte müde ab.

In diesem Moment hörten sie Lottes Mama die Treppe herunterhumpeln.

Humpeln und stöhnen.

Die drei Kinder sahen sich an.

Jetzt oder nie.

Jetzt würde sich zeigen, ob ihr Plan aufging.

»Mama«, rief Lotte.

»Papa«, rief Nina.

Julian rief nichts, es waren ja nicht seine Eltern. Er nahm stattdessen die Teigschüssel.

»Was haben die Kinder denn?«, fragte Lottes Mama.

»Jetzt beginnt unser Sommerwochenende«, verkündete Lotte feierlich, und Julian sah, wie sich Lottes Eltern verwunderte und sehr skeptische Blicke zuwarfen.

»Der Sommer«, begann Mama, »der Sommer ist fu–«

»… der ist überhaupt nicht futsch«, unterbrach Lotte sie und nahm sie bei der Hand. »Und jetzt kommt ihr zwei mit zum Zeltplatz.«

»Wir können doch nicht zum Zeltplatz fahren«, sagte Papa genervt, »das haben wir doch schon besprochen.«

»Es tut mir leid«, fügte Mama hinzu. »Keine Abenteuer, hat der Arzt gesagt.«

Doch dann schwiegen beide.

»Was ist denn da passiert?«, murmelte Mama und humpelte auf die Terrasse. »Unser Garten ist weg.«

»Willkommen!«, rief Nina aufgeregt und sprang ins Zelt. »Willkommen auf unserem Zeltplatz.«

»Aber ...« Mama brach ab.

»Für Erwachsene kostet es nur fünf Euro pro Nacht«, rief Nina.

»Pst«, machte Lotte und hielt ihr den Mund zu. »Für Familienmitglieder ist die Übernachtung natürlich kostenlos.«

Ihre Eltern wechselten einen Blick.

»Versteht ihr denn nicht?«, fragte Lotte. »Jetzt können wir zelten, ohne wegfahren zu müssen!«

»Es gibt Stockbrot«, fügte Julian hinzu und schwenkte die Schüssel. »Wie im echten Urlaub.«

»Da ist ja auch eine Feuerstelle«, murmelte Lottes Papa. »Sogar mit Holz.«

»Das habe ich selbst gesammelt«, rief Nina.

»Das kommt mir irgendwie so bekannt vor, das Holz«, sagte Lottes Papa nachdenklich. »Warst du im Keller Holz sammeln?«

Und dann fingen alle an zu lachen.

»Wenn ihr meint«, sagte Lottes Mama schließlich, »dass

unser Garten gut genug ist fürs Zelten – dann probieren wir es aus.«

Es war genau, wie Lotte und Julian es sich ausgemalt hatten.

Lottes Mama machte es sich auf einer Luftmatratze bequem. Sie ließ sich bedienen und sah dabei sogar ganz vergnügt aus. Es gab Saft aus Campingtassen und Gummibärchen aus der Speisekammer. Und ein Extrakissen für den kaputten Fuß.

Papa zündete das Feuer an und setzte sich zufrieden davor. »Gute Idee, das mit dem Feuer im Garten. Dass wir nicht früher darauf gekommen sind, bei uns auch mal Feuer zu machen.«

Nina holte die Würstchen aus dem Kühlschrank, denn es war schon Mittag geworden. Julian und Lotte rollten inzwischen den Teig um die Stöcke. Und bald saßen sie alle ums Feuer und hielten ihre Stöcke mit dem Brotteig über die Glut.

»Herrlich«, sagte Papa.

»Herrlich«, sagte Mama.

Und die Kinder sahen sich stolz an.

Den ganzen Nachmittag über spielten sie Malefiz und Uno, und als es Abend wurde, fragte Julian seine Eltern, ob er bei Lotte im Zelt übernachten durfte, wo doch der Sommerabend so besonders schön war und der Himmel immer noch wolkenlos.

Und weil er durfte, wurde der Sommerabend noch schöner.

Julian fand sogar drei Fackeln, die seine Eltern vom vergangenen Jahr übrig hatten. Die steckten sie ins Rosenbeet und zündeten sie an.

»Ist doch egal, wo man die Abenteuer erlebt«, sagte Lotte schließlich und stieß ihre Mama in die Seite. »Ob auf dem Zeltplatz oder im eigenen Garten, oder?«

Mama seufzte. Dann nickte sie.

»Tut mir leid«, sagte sie schließlich leise, »tut mir leid, dass ich mich so angestellt habe.«

»Tut mir auch leid«, sagte Lottes Papa, »denn ich glaube, ich hab mich genauso angestellt. Ich dachte auch, der Sommer sei futsch.«

»Es liegt doch nicht am Fuß, ob der Sommer schön wird oder nicht«, meinte Lotte noch. »Oder?«

»Nein«, sagte Mama.

»Nein«, sagte Papa.

Sie schauten zu, wie die Fackeln flackerten.

»Manchmal braucht man eben Kinder wie euch«, meinte Papa schließlich und steckte sich genüsslich zwei Gummibärchen in den Mund, »die einen an den Sommer erinnern.«

Geld oder Leben

Der Tag, an dem Lotte und Julian den Räuber doch nicht jagten, war der Mittwoch vor Erntedank, und der war grau.

»Mensch«, sagte Julian und stieß Lotte in die Seite. »Was macht der denn da?«

Die beiden hatten der Mesnerin einen Kürbis und eine Riesenzucchini aus dem Garten vorbeigebracht, für die Kirche. Dennis aus ihrer Klasse hatte mit seiner Mutter ein Brot gebacken und die alte Frau Merschmeier sogar einen Kranz aus Stroh geflochten. Natürlich alles wegen Erntedank. Da sollte die Kirche geschmückt sein. Mit allem, was wächst und beeindruckend aussieht.

Julian fand den knubbeligen Kürbis aus ihrem Garten sehr beeindruckend.

Aber als die beiden durch den Hintereingang in die Kirche getreten waren und Kürbis und Zucchini gerade vorne am Altar ablegen wollten, war ihnen der graue Mann aufgefallen.

Was machte der da?

Er stand auf der anderen Seite beim Eingang im Halbdunkel und fingerte an einem Kasten herum.

Unheimlich sah er aus.

Die Kinder duckten sich hinter eine Kirchenbank.

Luftanhalten. Kleinmachen. Nur nicht auffallen.

»Ist das nicht der Kasten, in den die Leute immer das Geld werfen, wenn der Gottesdienst vorbei ist?«, flüsterte Lotte leise.

Julian nickte. »Ich glaube schon.«

Lotte schluckte. »Dann ist es ein Dieb!«

Julian duckte sich noch etwas tiefer.

Ein Scheppern war zu hören. Dann ein Kratzen. Wie von einem Messer, das über Metall schabt.

Lotte wagte es, über die Kirchenbank zu spähen.

Ein Rücken. Nur ein Rücken war zu sehen.

Der graue Mann drehte ihnen den Rücken zu und rüttelte an dem Kasten.

Etwas klappte nach unten. Das Klingeln von Kleingeld war zu hören.

»Auweia!« Der Kürbis! In diesem Moment rutschte Julian der Riesenkürbis aus der Hand und rollte über den Boden.

Rollte, trudelte, kreiste und polterte.

Der Mann fuhr auf.

Drehte sich zu ihnen um.

Jetzt konnten sie sein Gesicht sehen. Aber nur kurz, denn hastig zog er seinen Schal höher, machte auf dem Absatz kehrt und verschwand durchs Haupttor.

»Los!«

Lotte sprang auf und rannte zu dem Geldkasten. Die Klappe hing nach unten wie ein offenes Maul.

»Aufgebrochen, schau nur!«

Julian hatte ächzend seinen Kürbis wieder aufgehoben und staunte. »Das ganze Geld ist weg! Gibt's denn so was! Das ist doch für die Armen!«

Lotte zögerte nicht lange. »Hinterher!« Sie schob Julian, der immer noch den Kürbis trug, aus der Kirchentür.

Draußen wehte ein stürmischer Wind. Wehte und ließ bunte Blätter über den Gehsteig flattern. Kleine Tropfen fingen sich in ihren Haaren.

Sie schauten aufgeregt nach links, nach rechts. Nach vorne und hinten.

Einige Leute waren mit Regenschirm unterwegs. Ein

Glatzkopf hielt sich seine Aktentasche über den Kopf.

»Da!« Lotte hatte den Mann entdeckt. Er bog gerade in die Bahnhofstraße ein. Als wäre nichts passiert.

Lotte spurtete los.

»Warte doch«, stöhnte Julian, »der Kürbis ist so schwer!«

»Dann lass ihn doch liegen«, rief Lotte über die Schulter.

»Was denkst du denn!«, keuchte Julian entrüstet. »Der ist was Besonderes und für Erntedank! Wenn ich den jetzt an den Straßenrand lege, klaut ihn sicher jemand!«

»Pst!« Lotte zog ihn zu sich und spähte um die Ecke.

Der graue Mann vor ihnen sah sich um. So wie es Leute tun, die ein schlechtes Gewissen haben oder Geld in der Tasche, das ihnen nicht gehört. Dann schlug er den Weg zu den Schrebergärten ein.

Als er nicht mehr zu sehen war und keine Gefahr mehr bestand, entdeckt zu werden, rannten die beiden Kinder weiter.

»Vielleicht«, keuchte Julian und nahm seinen Kürbis in die andere Hand, »vielleicht – führt – er uns zu seiner Wohnung – dann – puh, ist der Kürbis schwer – dann können wir die Polizei anrufen!«

Lotte nickte aufgeregt.

In den Schrebergärten war niemand zu sehen, das Wetter war zu schlecht. Regenwasser tropfte von den Blättern. Einige späte Blumen neigten die Köpfe. Schnell rannten sie weiter –

»Hoppla!«

Als die beiden Kinder um einen Gartenzaun bogen, stießen sie mit Schwung mit dem grauen Dieb zusammen.

Von Nahem sah er noch grauer aus. Der Mantel hatte Löcher. In der Hand hielt er mehrere Plastiktüten.

Vielleicht würde er sie nicht zu seiner Wohnung führen können. Denn er sah aus, als hätte er keine.

Überrascht schaut er sie an. Julian und Lotte schauten genauso überrascht zurück.

So hatten sie sich ihre Gangsterjagd nicht vorgestellt. Nicht so direkt. Nicht so von Angesicht zu Angesicht.

»Hoppla«, stotterte Lotte schließlich noch einmal.

Julian nahm seinen ganzen Mut zusammen. »Sie – sind ein Dieb!«

»Wer sagt das? Ihr?!« Der Mann machte kehrt und wollte weglaufen, doch er rutschte auf dem nassen Laub aus und stolperte in den kleinen Graben neben dem Weg.

Julian hechtete ihm hinterher, verlor auch das Gleichgewicht und knallte auf den Boden.

Der Kürbis rutschte ihm aus der Hand und rammte den grauen Mann unten im Graben.

»Au!«, rief der und hielt sich stöhnend den Kopf. »Was soll das sein? Ein Überfall?«

Lotte erkannte ihre Chance. »Wir – haben alles gesehen!«

»Alles?«, fragte der Mann unwirsch zurück. »Was soll das heißen – alles?«

»Sie haben den Kasten in der Kirche aufgebrochen«, sagte sie mit fester Stimme.

»Hab ich das?«, fragte der andere zurück. »Gar nichts hab ich.«

Julian und Lotte sahen sich an.

»Nullkommanichts hab ich«, sagte der Mann und lachte bitter.

»Wir – wissen alles!«, versuchte es Julian noch einmal.

»Gar nichts wisst ihr«, murmelte der Mann und richtete sich auf. »Wisst nichts von mir und nichts vom Geld.«

»Sie – können es doch einfach zurücklegen«, meinte Lotte und wich etwas nach hinten.

Denn der Mann kletterte aus dem Graben. Er war ganz schön groß.

»Wir könnten es auch für Sie zurückbringen«, schlug Julian vor

und hob schnell seinen Kürbis wieder auf. Auf der einen Seite war die Schale etwas aufgeplatzt.

Der Mann strich sich die Blätter von der Hose. Er stand da und schien zu lauschen.

Auf Stimmen, die vielleicht nur er hörte. Auf Botschaften aus der Luft.

»Schaut mich doch an«, sagte er schließlich. »Ihr seid doch noch Kinder.«

Julian und Lotte schauten ihn verwirrt an. Seine fleckige Mütze. Seinen kaputten Mantel. Die Plastiktüten, die er in der Hand trug, vollgestopft mit seltsamen Dingen.

Der Mann war eindeutig arm.

»Du«, sagte Lotte leise zu Julian. »Das Geld in dem Kasten, für wen wird das nochmal gesammelt?«

Julian schluckte. »Für – Arme?«

Der Mann hob noch einmal den Kopf in die Luft, dann begann er wieder vor sich hin zu schimpfen, machte auf dem Absatz kehrt und marschierte davon.

Lotte und Julian standen da und schauten ihm schweigend hinterher.

»Wir hätten sowieso keine Chance gegen ihn gehabt«, murmelte Julian. »Wir sind Kinder und der ist groß.«

»Groß und arm«, sagte Lotte.

Schweigend gingen sie zurück.

Schweigend legten sie den Kürbis vor den Altar. Direkt neben die Riesenzucchini.

»Was macht ihr denn für Gesichter?«, fragte in diesem Moment die Mesnerin.

Dann fiel ihr Blick auf den aufgebrochenen Opferstock. »Um Himmels willen, was ist denn da los!«

»Wir haben ihn gesehen«, meinte Lotte. »Den Dieb.«

»Er war grau und groß und zerfetzt«, fügte Julian hinzu.

»Wahrscheinlich hatte er nicht mal eine Wohnung«, sagte Lotte.

»Nichts hatte er«, meinte Julian. »Nullkommanichts.«

Die Mesnerin schaute sie überrascht an. »Woher wisst ihr das?«

»Wir sind ihm hinterhergerannt«, berichtete Lotte.

»Wir haben ihn sogar gestellt«, ergänzte Julian. »Mit meinem Kürbis.«

»Wir haben ihn überprüft«, sagte Lotte dann noch. »Er war der Richtige für das Geld.«

»Was redet ihr da?« Die Mesnerin sah von einem zur anderen.

»Na, das ist doch das Geld, das für die Armen gesammelt wird«, murmelte Lotte leise. »Er war der Richtige.«

Die Mesnerin schwieg. Dann nickte sie. Und als sie die Klappe am Kasten wieder zumachte, sah sie sogar ein bisschen zufrieden aus.

Smiley

An dem Tag, an dem Julian und Lotte sich beinah verloren hätten, wehte der Oktoberwind durch die Straßen und trieb die Blätter vor sich her.

Julian saß am Küchentisch und zählte die Kastanien, die er nach der Schule auf dem Heimweg gesammelt hatte. Es war eine ganze Tüte voll, glänzend und wie poliert lagen sie vor ihm auf dem Tisch.

»Rate, wie viele es sind!«, forderte er Mama auf.

Die blätterte in ihrer Zeitung und warf nur einen kurzen Blick herüber.

»Fünfzig?«

»Mehr!«, sagte Julian stolz.

»Sechsundsechzig?«

»Noch mehr!«

Mama gab auf. »Sag es mir!«

»Achtundneunzig!« Julian schaute sie triumphierend an. »Alle selbst gesammelt!«

»Wow!« Mama nickte und blätterte die Zeitung um.

Julian hatte mehr Jubel und Begeisterung erwartet. Er stand noch eine Weile abwartend da, aber Mama wollte offenbar nichts mehr hinzufügen.

Julian seufzte, legte aus den Kastanien einen Smiley und schaute auf die Uhr.

Schon halb vier!

Er musste los. Um halb vier war er mit Lotte verabredet.

Er zog sich die Mütze auf, schlüpfte in Jacke und Schuhe, sagte Tschüss und rannte aus dem Haus, dann quer über die Straße durch die wirbelnden Blätter und den Oktoberwind hinüber zu Lottes gelbem Haus.

Klingelte.

Wartete.

Klingelte noch mal und wunderte sich, als nur Lottes kleine Schwester Nina aufmachte.

»Lotte ist weg«, sagte Nina und grinste ihr Zahnlückengrinsen.

»Wohin weg?«, fragte Julian verwundert.

»Zur Drachenwiese«, sagte Nina.

»Allein?«, fragte Julian.

Nina schüttelte den Kopf. »Mit Smiley.«

Julian blinzelte. Nicht nur, dass Lotte nicht auf ihn gewartet hatte. Sie war auch noch mit jemand anderem losgezogen!

Julian blinzelte noch einmal. Aber der dicke Kloß in seinem Hals blieb.

»Willst du reinkommen?«, fragte Nina und machte ein höfliches Gesicht. »Ich hab Kastanien gesammelt.«

Julian schüttelte den Kopf.

»Kastanien hab ich selbst.«

Dann drehte er sich um.

Lotte hatte nie von einem Smiley erzählt. Wer war das?

In der Schule gab es keinen, der so hieß. Verheimlichte sie etwas vor ihm? Hatte er etwas falsch gemacht, dass sie sich lieber mit diesem Smiley traf als mit ihm?

Sie war doch mit *ihm* verabredet gewesen, nicht mit irgendeinem Smiley. Um halb vier war sie mit ihm verabredet gewesen!

Der Wind zerrte an seiner Jacke und pustete quer durch ihn hindurch. Das tat gut.

Vielleicht sollte er auch zur Drachenwiese gehen? Die war ja nicht weit weg, gleich hinter dem Spielplatz.

Er würde mit gebührendem Abstand stehen bleiben und zuschauen, wie Lotte mit diesem Smiley spielte, Ball oder Fangen oder was auch immer, aber er würde kein Wort

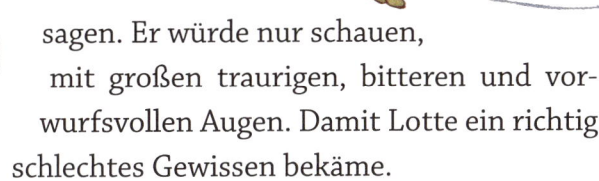

sagen. Er würde nur schauen, mit großen traurigen, bitteren und vorwurfsvollen Augen. Damit Lotte ein richtig schlechtes Gewissen bekäme.

Sie würde schon sehen, wohin das führte, wenn sie ihn einfach so mir nichts, dir nichts sitzen ließ und stattdessen mit irgendeinem Smiley zur Drachenwiese ging!

Julian nickte entschlossen und stapfte los.

Vielleicht wäre es auch besser, nicht nur schweigend und vorwurfsvoll dazustehen, sondern ihr laut und deutlich die Meinung zu sagen.

»So geht man nicht mit Freunden um«, würde er sagen, mit großen traurigen, bitteren und vorwurfsvollen Augen.

»Wo bist du gewesen?«, würde er sagen. »Was fällt dir überhaupt ein?«, würde er dann noch hinzufügen.

Der Wind hatte den Spielplatz leer gefegt, ließ die Büsche zittern und trieb Julian vor sich her, bis er zur Drachenwiese kam.

Niemand zu sehen.

Keine Lotte.

Kein Smiley, wer immer das war.

Da wurde Julian noch wütender.

Wie gemein von Lotte!

Nicht nur, dass sie ihn versetzt hatte und mit einem

anderen losgezogen war, jetzt war sie auch noch ganz und gar verschwunden und er konnte sie weder mit vorwurfsvollen Blicken anblitzen, noch konnte er ihr die Meinung sagen!

»Lotte!«, schrie er in den Wind.

»Lotte! Lotte! Lotte!«

Sie würde ihn ja sowieso nicht hören.

»Julian!«, schrie der Wind zurück.

Er stutzte.

Der Wind kann nicht schreien.

Und er hatte sehr nach Lotte geklungen.

»Wo bist du gewesen?«, schrie der Wind, der nach Lotte klang, und jetzt konnte er sie sehen, wie sie um das Gebüsch bog und auf ihn zu rannte.

»Das wollte ich dich doch fragen«, rief Julian erbost.

Nicht nur, dass sie ihn versetzt hatte, mit irgendeinem Smiley losgezogen war und sich nicht hatte finden lassen, jetzt klaute sie ihm auch noch seine Worte.

Sie lachte.

Lotte lachte!

»Na, ich bin doch hier«, sagte sie, als sie bei ihm ankam. »Endlich kommst du. Hatten wir uns nicht für drei Uhr verabredet?«

»Was?« Julian glaubte nicht recht zu hören. »Halb vier!«

Sie grinste. »Bei dem schönen Wind hab ich es drinnen nicht mehr ausgehalten und bin schon mal los.«

Julian nickte grimmig. »Ich weiß schon. Mit Smiley.«

»Was weißt du von Smiley?«, fragte Lotte und schaute ihn überrascht an.

»Da staunst du, was?«

»Willst du ihn kennenlernen?« Lotte nahm ihn an der Hand. »Er ist echt superschön.«

Julian ließ sich widerwillig mitziehen. Er war sich nicht sicher, ob er ihren Schönling kennenlernen wollte.

»Aber allein hab ich ihn nicht in die Luft bekommen«, fuhr Lotte fort.

Julian blinzelte. Was sollte das heißen? Wieso wollte sie diesen Smiley in die Luft bekommen?

Julian blinzelte noch einmal, als er Smiley endlich kennenlernte. Smiley leuchtete in allen Regenbogenfarben und hatte riesige Glubschaugen. Smiley war ein Drachen und er war tatsächlich superschön!

»Los«, drängte Lotte, »nimm ihn und halte ihn in den Wind! Ich nehme die Schnur!«

Julian hielt Smiley.

Wartete auf ihr Zeichen.

Ließ ihn los und sah, wie er stieg, höher und höher.

Und während Lotte mit der Schnur in der Hand über die Wiese rannte, fühlte Julian sich durch und durch schlecht.

Weil er all das über sie gedacht hatte, was er gedacht hatte.

Weil er schon so viel Ärger und Wut und Enttäuschung

aufgesammelt hatte, um sie Lotte entgegenschleudern zu können.

Er hatte alles falsch verstanden.

»Hurra!«, hörte er Lotte durch den Wind rufen. »Er fliegt!«

Hoch oben flog er, Smiley, fast sah es aus, als könne er die Wolken berühren, die Wolken und den Himmel.

»Da!«, hörte er Lotte neben sich. »Halt du mal!«

Smiley zog mächtig an der Schnur und Julian stemmte sich mit Kraft dagegen, spürte den Wind, spürte die Wolken und den Himmel.

Und plötzlich fühlte er sich ganz leicht, leicht und frei und hoch oben.

All der Ärger und die Wut und die Enttäuschung flogen aus ihm heraus.

Lotte hatte auf ihn gewartet!

Lotte hatte extra Smiley mitgebracht, damit sie Drachen steigen lassen konnten!

Lotte, die hinter ihm stand und mit ihm nach oben schaute, dem Drachen hinterher.

Lotte, die etwas auf seinen Rücken malte.

»Rate!«, sagte sie. »Rate, was ich gemalt habe!«

»Einen Smiley!«, rief Julian.

»Volltreffer«, rief Lotte.

»Freunde«, dachte er und grinste und fühlte sich mit einem Mal gar nicht mehr schlecht.

Gegenwind

Am Tag, an dem Lotte sich beim Frühstück das Müsli über den Pulli kippte, lief alles schief, was aber auch wieder gut war, und das zeigt, dass es ein komplizierter Tag war.
Es begann damit, dass Lotte mit dem Ellenbogen gegen die Müslischüssel stieß. Müsli und Milch ergossen sich über ihren Lieblingspulli, den mit den Pferden, den sie heute extra angezogen hatte.

»Mist«, schimpfte sie, denn sie war sowieso schon spät dran. Der Schulbus fuhr in zehn Minuten und jetzt musste sie sich auch noch etwas anderes anziehen. Und alle Pullis, die sie schön fand, waren in der Wäsche.

»Mach schnell«, rief Mama zu allem Überfluss aus der Küche, »und zieh dir auch einen Schal an.«

Lotte versuchte sich zu beeilen, aber erst konnte sie sich einfach nicht zwischen dem braunen und dem dunkelgrünen Pulli entscheiden, und als sie schließlich den dunkelgrünen übergezogen hatte, fand sie ihre Handschuhe nicht. Und je schneller sie sein wollte, desto mehr verhedderte sie sich in ihrem Schal und ihrer Jacke. Der Reißverschluss klemmte, was er sonst nie tat, und dann war auch noch ihre Armbanduhr verschwunden. Als sie sie endlich unter ihren Handschuhen gefunden hatte, war es schon sehr, sehr spät.

Zu spät für den Bus.

Sie lief trotzdem nach draußen und bog um die Ecke zur Bushaltestelle, sah aber gerade noch die Rücklichter.

»Mist«, schimpfte sie wieder und kickte mit dem Fuß gegen die Straßenlaterne. Obwohl die überhaupt nichts dafür konnte.

Jetzt würde sie radeln müssen, die ganze weite Strecke, und zu spät zur Schule kommen würde sie außerdem.

»Lotte?«, hörte sie in diesem Augenblick eine Stimme hinter sich und drehte sich um.

Hinter ihr stand Svenjas Mutter und hielt einen Schlüssel hoch. »So ein Glück, dass ich dich noch treffe. Svenja hat den Haustürschlüssel vergessen und ich bin heute Mittag nicht da, wenn sie aus der Schule kommt. Kannst du ihr ihn mitbringen? Ich habe noch versucht, den Bus zu erreichen, aber der ist schon weg.«

»Ja«, knurrte Lotte. »Der ist schon weg.«

Aber dann steckte sie Svenjas Schlüssel ein und freute sich sogar ein wenig, helfen zu können.

»Danke«, rief Svenjas Mutter noch, doch Lotte hatte keine Zeit mehr für sie, sie war schon auf dem Weg zurück nach Hause, packte ihr Fahrrad, schmiss den Schulranzen in den Gepäckträgerkorb und trat in die Pedale.

Es war wie verhext. Auf dem Weg zur Schule gab es fünf Ampeln. Und alle fünf waren rot.

»Mist«, rief sie. Bei jeder roten Ampel wieder. »Mist! Mist! Mist! Mist!«

Gegenwind hatte sie außerdem auch.

Die letzte Ampel war besonders lange rot und Lotte stöhnte, weil sie definitiv zu spät kommen würde – da fiel ihr Blick auf einen Werbezettel, der an der Ampel klebte. *Skibasar*, stand darauf. *Mittwoch um 15 Uhr.*

Heute war Mittwoch.

»Das muss ich unbedingt Mama sagen«, schoss es ihr durch den Kopf, denn sie brauchten dringend Ski und Skischuhe, weil Nina und sie schon wieder so gewachsen waren. Und neu waren die ja unbezahlbar.

Dann endlich schaltete die Ampel auf Grün, Lotte radelte weiter und bremste erst direkt vor den Radständern.

Atemlos sperrte sie ihr Fahrrad ab.

Da hörte sie, wie hinter den Fahrradständern jemand drohend sagte: »Los, jetzt gib uns endlich das Geld.«

Eigentlich hatte sie sofort zu ihrem Klassenzimmer laufen wollen, aber neugierig war sie natürlich auch, und daher schaute sie vorher noch schnell um die Ecke. Sie sah zwei Jungs aus der Vierten, die einen Erstklässler festhielten. Sie kannte ihn sogar, er hieß Maxi und war mit ihrer kleinen Schwester Nina in den Kindergarten gegangen.

»Hallo Maxi«, sagte sie überrascht, und weil sie das sagte, ließen ihn die beiden großen Jungs los und sahen mindestens genauso überrascht aus.

Maxi, der wohl schon fest damit gerechnet hatte, sein Pausengeld an die beiden Großen abtreten zu müssen, zog sich die Jacke zurecht und schniefte.

»Die Schule hat schon angefangen«, sagte Lotte, und da rannte Maxi los und die beiden großen Jungs schauten immer noch verdattert drein. Weil sie jetzt aber niemanden mehr hatten, den sie ärgern oder bedrohen konnten, trotteten auch sie los, denn es stimmte ja: Die Schule hatte schon angefangen.

Lotte spurtete an ihnen vorbei. Über die Schulter rief sie noch: »Ich habe übrigens alles gesehen.«

Dann stand sie schnaufend im Klassenzimmer. »Entschuldigung«, rief sie, »ich weiß, ich bin zu spät.«

Alle lachten.

Und als sie sich umschaute und überlegte, was bitteschön daran so lustig war, bemerkte sie, dass ihre Lehrerin Frau Wildermann nicht da war, sondern eine Vertretungslehrerin, und dass der Unterricht noch gar nicht angefangen hatte.

»Du hast Glück«, sagte Julian, als sie sich immer noch schwer atmend und mit rotem Kopf neben ihn setzte, »dass du erst jetzt kommst. Bisher gab es nur Schimpfereien und wir mussten stillsitzen und uns langweilen.«

»Wieso ist Frau Wildermann nicht da?«, fragte sie leise.

Julian zuckte die Achseln. »Sie hat den Bus verpasst oder so.«

»Mann!« Lotte ärgerte sich schon wieder. »Da hätte ich mich ja gar nicht so beeilen brauchen.«

Und dann erzählte sie leise, dass heute ein Tag war, an dem einfach alles schieflief.

Erst das umgekippte Müsli.

Dann der Bus, den sie verpasst hatte.

Das Fahrrad, die roten Ampeln und der Gegenwind – und dann war auch noch das ganze Beeilen umsonst gewesen.

Julian kicherte.

»Was gibt's denn da zu kichern?«, murrte Lotte.

»Weil du dich so ärgerst«, kicherte Julian weiter.

»Ich ärgere mich überhaupt nicht«, zischte Lotte noch ärgerlicher und so laut, dass alle aus der Klasse zu ihr schauten und sie noch röter wurde.

Julian unterdrückte ein letztes Kichern, und in diesem Augenblick kam Frau Wildermann endlich ins Klassenzimmer.

In der großen Pause meinte Julian versöhnlich: »Komm, Lotte, jetzt sei doch nicht so. Hast du nicht erzählt, dass du an der Ampel die Werbung für den Skibasar gelesen hast? Die hättest du nicht gesehen, wenn die Ampel grün gewesen wäre.«

»Stimmt«, gab Lotte zu. »Meine Mutter freut sich sicher total.«

Julian nickte. »Und hast du nicht gesagt, dass du den

kleinen Maxi vor den Viertklässlern gerettet hast? Das hättest du nicht tun können, wenn du eine Minute früher gekommen wärst.«

Lotte grinste. »Du hast recht!«

Julian grinste zurück. »Ich würde sogar sagen, du bist ein echtes Glückskind. Du kannst sogar noch anderen etwas von deinem Glück abgeben. Denn nur weil du den Bus verpasst hast, hat Svenja jetzt ihren Haustürschlüssel!«

»Oh!« Lotte schlug sich gegen die Stirn. »Den muss ich ihr nach der Pause noch geben.«

Doch nach der Pause hatten sie Sport und nach dem Sport mussten sie schwierige Rechenaufgaben lösen.

»Weißt du übrigens, was auch Glück ist?«, fragte Julian, als es gongte und sie eilig ihre Sachen zusammenpackten.

»Nein, was?«, fragte Lotte und warf sich den Schal um den Hals.

»Dass ich heute auch mit dem Fahrrad da bin«, sagte Julian. »Da können wir gemeinsam nach Hause fahren.«

Als sie bei den Fahrradständern ankamen, schrie Lotte plötzlich auf. »Mist!«

Julian sah sie erstaunt an. »Was ist denn?«

»Ich habe Svenja ihren Haustürschlüssel noch nicht gegeben! – Svenja!«

Sie rannte zur Bushaltestelle. Der Bus fuhr gerade ein.

Da stand Svenja noch! Glück gehabt!

Auf dem Weg zurück zu den Fahrrädern sah Lotte in der Hecke einen Schal hängen, der genau aussah wie ihrer. Und als sie sich an den Hals fasste und dort kein Schal zu finden war, begriff sie, dass es auch wirklich ihrer war.

Sie musste ihn in der Hektik verloren haben.

»So ein Glück«, sagte sie, als sie wieder bei Julian ankam, »dass ich den Weg zum Fahrrad noch einmal zurücklaufen musste. Sonst hätte ich meinen verlorenen Schal nicht wiedergefunden.«

Und zu Hause sagte ihre Mama tatsächlich erfreut: »Mensch, Lotte, ein Skibasar! Dass du das entdeckt hast! Du bist wirklich mein Glück!«

»Ja«, nickte Lotte. »Heute ist unser Glückstag.«

Sessel im Fenster

Der Tag, an dem Lottes Kinderzimmerfenster dran war, war der 8. Dezember, und die Sache war sehr kompliziert.

Lotte bereute es schon seit Tagen, sich gemeldet und bei dem großen Mitmachadventskalender der Kirchengemeinde ein Türchen übernommen zu haben. Und noch mehr bereuten es Lottes Eltern, dass sie zugestimmt hatten, am 8. Dezember ein Zimmer für den großen Mitmachadventskalender der Kirchengemeinde zur Verfügung zu stellen.

Es gab einen großen Plan, und Pfarrer Renz, die Mesnerin, ihre Religionslehrerin und sogar der Bürgermeister und überhaupt alle waren davon begeistert. Der ganze Ort sollte ein lebendiger Adventskalender sein. Jeden Abend zwischen 18 und 20 Uhr sollte eine andere Familie eines ihrer Zimmer als besonderes Adventszimmer gestalten. Und jeden Abend sollten alle am Zimmerfenster stehen können und hineinsehen oder sogar eintreten dürfen. Es gab einen Lageplan, auf dem alle 24 Stationen dieses lebendigen Adventskalenders verzeichnet waren.

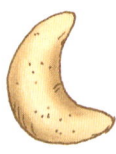

Die ersten sechs Adventskalenderzimmer waren ein voller Erfolg gewesen. Lotte und Julian hatten bisher keine Station ausgelassen.

Svenjas Familie hatte ihre Küche über und über mit Sternen aus Goldpapier geschmückt. Und jeder, der seine Nase durchs Fenster streckte, bekam ein selbst gebackenes Plätzchen. Selbstverständlich auch in Sternform.

»Das wäre eine gute Idee für uns gewesen«, hatte Lotte neidisch gesagt, und Julian hatte begeistert noch ein zweites Plätzchen genommen.

Jemand von der Kastanienallee hatte eine riesige Kerze in den Hauseingang gestellt. Alles war dunkel und nur die Kerze leuchtete, und weil deshalb jeder automatisch flüsterte, war es sehr besinnlich.

»Das hätten wir locker auch machen können«, hatte Lotte neidisch gemurmelt, und Julian sah ihre Sorgenfalten im Gesicht. Weil sie immer noch keine Idee hatte. Und ihre Eltern auch nicht.

Bei der Mesnerin hatte die Krippe im Fenster gestanden, die jedes Jahr an Weihnachten vor dem Altar in der Kirche aufgebaut wird. Sie war nur mit Heu und Stroh gefüllt, ohne Jesuskind. Und jeder durfte sich einen Strohhalm mitnehmen.

Lotte und Julian hatten zwar nicht ganz verstanden, was das bringen sollte, aber sie hatten sich auch einen Strohhalm geschnappt und es schön gefunden.

»Stroh hätten wir auch haben können. Beim Bauern Mösl gibt's das«, hatte Lotte mürrisch gemeint.

Der bisherige Höhepunkt war das Adventszimmer heute, am 6. Dezember, gewesen. Da hatte sich Bastians Vater als Nikolaus verkleidet. Mit Bischofsmütze und Stab.

Lotte starrte neidisch über den Gartenzaun auf den Nikolauspapa und auf Bastian, der neben ihm stand und aus einem großen Sack Nüsse verteilte.

»Mensch, warum haben wir nicht den 6. Dezember abbekommen«, murrte sie. »Da ist es ja leicht, sich etwas einfallen zu lassen. Aber am 8. Dezember – da können wir nicht mehr mit einem Nikolaus kommen.«

Julian knackte gerade eine Nuss auf. »Warum lassen sich denn deine Eltern nichts einfallen und wir müssen die ganze Arbeit machen?«

Lotte zuckte mit den Schultern. »Weil sie sowieso so viel zu tun haben und noch gar nicht an Weihnachten denken können, sagen sie. Und weil ich es ja war, die unbedingt wollte, dass wir mitmachen.«

»Meine Eltern denken schon lang an Weihnachten«, sagte Julian. »Wir lesen jeden Abend gemeinsam eine Adventskalendergeschichte. Und zünden Kerzen an.«

»Ja, Pustekuchen«, murmelte Lotte. »Meine Eltern sagen immer nur, dass wir es uns mal dringend gemütlich machen müssten und die Weihnachtskiste holen und all so was. Aber dann ist ihr Tag wieder sooo voll gewesen …«

Sie verzog das Gesicht.

»Wenn es eng wird, helfen sie dir sicher«, meinte Julian, und kaute genüsslich an der Nuss. »Sie wollen doch wohl auch nicht, dass ihr Adventskalenderzimmer ganz leer ist und es ausgerechnet bei ihnen nichts als ganz viel Nichts gibt, oder?«

Lotte starrte ihn an. »Was hast du gerade gesagt?«

»Wenn es eng wird, helfen sie dir sicher«, wiederholte Julian brav.

»Nein«, rief Lotte aufgeregt. »Das andere!«

»Äh – das andere hab ich vergessen«, murmelte Julian etwas verlegen.

»Du hast gesagt, dass sie sicher nicht wollen, dass ihr Zimmer ganz leer ist.«

»Stimmt«, nickte Julian. »Das habe ich gesagt. Stell dir vor, alle Besucher kommen rein und können sich nur gegenseitig anschauen und sonst gibt's nichts! Das wäre ja eine schöne Bescherung!«

Lotte packte ihn am Arm. »Das wird ja immer besser! Julian! Du bekommst den Adventskalendersonderpreis.«

»Von wem?«, fragte er überrascht.

»Von mir!«, rief Lotte.

»Warum?« Julian rieb sich den Arm.

»Weil wir es genauso machen, wie du gesagt hast.«

Julian kratzte sich am Kopf. »Du meinst, wir bauen ein leeres Zimmer auf?«

Lotte nickte. »Wenn Mama und Papa sagen, dass ihre Tage immer so voll sind, dann machen wir den 8. Dezember eben ganz leer!«

Julian dachte nach. »Ist das nicht langweilig für alle, die etwas Schönes erwarten? Einen Strohhalm oder eine Nuss?«

Lotte schüttelte den Kopf. »Nicht, wenn wir es so machen, wie du vorgeschlagen hast.«

»Was hab ich denn jetzt schon wieder vorgeschlagen?«, fragte Julian verwirrt.

»Dass sich alle gegenseitig anschauen! Mensch, Julian, das ist sicher witzig. Wir machen das Zimmer ganz leer.

Und stellen nur einen einzigen Sessel auf. Und auf den soll sich immer jemand setzen. Die anderen schauen dann durchs Fenster rein.«

»Und sehen den, der auf dem Sessel sitzt!« Julian grinste. »Das wäre dann so, wie Frau Wildermann letztens in der Klasse gesagt hat. Dass man in der Adventszeit besonders aufeinander schauen soll. Bei dir im Kinderzimmer können alle besonders aufeinander schauen. Ha, wie witzig!«

»Genau!«, rief Lotte begeistert.

Sie war so aufgeregt, dass sie den ganzen Heimweg nur hüpfen konnte.

Papa sagte: »Das ist ja praktisch. Da müssen wir nicht viel tun.«

Mama sagte: »Wo ihr nur immer die Ideen hernehmt?«

Aber beide waren sehr zufrieden mit dem Vorschlag, und Lottes kleine Schwester Nina wollte sogar besonders lang im Sessel sitzen, wenn von außen die Leute reinschauen würden.

Am 7. Dezember räumten sie Lottes Kinderzimmer auf und hängten Leintücher über die Regale und das Bett, sodass das Zimmer wirklich ganz leer wirkte. Lottes Mama hatte sogar Zeit zum Staubsaugen, obwohl die Tage gerade so besonders voll waren.

Das Leintuch über dem Bett mussten sie allerdings noch einmal abnehmen, denn irgendwo musste Lotte schließlich schlafen.

Am 8. Dezember, an ihrem großen Tag, schoben sie den gelben Sessel vom Wohnzimmer mitten ins Kinderzimmer und stellten ihn Richtung Fenster auf.

Papa, der unerwartet früh von der Arbeit kam, klemmte seine Schreibtischlampe so ans Regal, dass sie wie ein Scheinwerfer auf den Sessel strahlte.

»Wie eine kleine Bühne«, meinte Julian, der gleich nach den Hausaufgaben zu Lotte rübergekommen war.

»Setz dich mal in den Sessel«, sagte Lottes Papa zu Lottes Mama. »Ich schau von außen durchs Fenster.«

»Sehr hübsch siehst du aus«, sagte Papa, als er draußen stand.

Mama lachte. »Na, das hast du aber auch schon länger nicht mehr zu mir gesagt.«

Papa wirkte ganz gerührt.

Dann war es 18 Uhr und die ersten Leute kamen.

Frau Wildermann war auch dabei, sie hielt den Lageplan in der Hand und sah sehr gespannt aus.

Lotte und Julian hatten ein riesiges Schild gemalt, das neben dem Fenster hing. Darauf stand: »Im Advent sollen wir besonders aufeinander schauen. Eintritt zum Sessel frei.«

Zuerst saß Nina extra lange im Scheinwerferlicht auf dem Sessel, so wie sie es gewollt hatte, und starrte zurück, wenn die Leute sie anstarrten.

Draußen war es ganz still und jeder schien sich so seine Gedanken zu machen.

Dann traute Frau Wildermann sich auf den Sessel.

»Sie sieht ganz schön müde aus«, kicherte Bastian neben ihnen, und Lotte schaute sich ihre Lehrerin durch das Adventskalenderfenster noch einmal extra genau an. Bastian hatte recht.

Dann setzte sich ein Mann auf den Sessel, den sie nicht kannten. Danach wollte ihre Nachbarin Hemma im Sessel sein und alle anderen Nachbarn schauten sie sich an und machten sich so ihre Gedanken.

Kurz vor Schluss setzten sich Julian und Lotte gemeinsam in den Sessel.

Lotte musste die ganze Zeit kichern.

Ein komisches Gefühl war es schon. Zu wissen, dass man angeschaut wird. Was die Leute sich wohl die ganze Zeit zusammendachten?

»Mensch«, sagte Julians Mama, als die beiden Kinder wieder gemeinsam mit einigen späten Gästen im Vorgarten standen, »ich habe gleich so eine Sehnsucht bekommen, als ich euch im Sessel sitzen sah.«

»Wonach denn?«, fragte Julian überrascht.

»Eine Sehnsucht nach Plätzchenbacken und spielen und einfach so zusammen sein.«

Lottes Mama nickte. »Ja, das müsste man mal machen, wenn die Tage nicht so voll wären.«

Sie schwiegen nachdenklich.

»Na, man muss sich eben die Zeit nehmen«, meinte Julians Mama. »Kristin, wie wäre es morgen?«

Lottes Mama stutzte. »Morgen?«

Lottes Papa, der mit halbem Ohr zugehört hatte, zückte sein Handy und schaute im Kalender nach. »Morgen – warte, da war doch was, was war denn da ...«

Verblüfft schaute er auf. »Da ist – nichts!«

»Heißt das, wir können morgen gemeinsam Plätzchen backen?«, fragte Lotte mit großen Augen. »Alle zusammen? Und eine Kerze aufstellen? Und Nüsse knacken?«

»Das heißt es wohl«, meinte ihre Mama.

»Eines muss ich noch sagen«, mischte sich in diesem Augenblick ihre Nachbarin Hemma ein, »das war schon eine Spitzenidee. Das mit dem Sessel. Man sieht doch alle Leute mal mit anderen Augen, wenn man sie durch ein Adventskalenderfenster sieht. Wer ist denn auf so was Tolles gekommen?«

»Na, wir«, riefen Julian und Lotte.

»Kinder wie euch bräuchte die Welt«, sagte Hemma und nickte ganz gerührt.

Lotte lachte. »Uns gibt es doch.«

Und Julian fügte hinzu: »Sollen wir uns noch mal in den Sessel setzen, damit du uns auch siehst?«

Matthias Morgenroth, geboren 1972 in München, ist Germanist und Theologe und schreibt seit vielen Jahren Bücher für Kinder sowie Sachbücher für Erwachsene. Darüber hinaus arbeitet er als Reporter und Redakteur für Radio und Fernsehen beim Bayerischen Rundfunk, schreibt für verschiedene Zeitungen, hält Seminare, macht mit Freunden Straßenmusik und geht gern auf Lesereise. Er lebt mit seiner Frau und seinen drei Töchtern in München. Sein Kinderbuch »Freunde der Nacht« wurde mit dem Rattenfänger-Literaturpreis ausgezeichnet.

Elli Bruder, geboren 1980 in der Pfalz, hat schon als kleines Mädchen gerne Bildergeschichten gezeichnet. Seit dem Studium in Schottland und Freiburg arbeitet sie als Grafikerin/Illustratorin. Sie lebt mit ihrem Mann und einem Stall voller Tiere am Ratzeburger See in Norddeutschland.

Mehr über unsere Bücher, Autoren und Illustratoren auf:
www.gabriel-verlag.de

Morgenroth, Matthias:
Das Glück versteckt sich überall – Geschichten zur Erstkommunion
ISBN 978 3 522 30505 1

Gesamtgestaltung: Elli Bruder
Lektorat: Marlene Fritsch
Einbandtypografie: Doris Grüniger, Buch und Grafik, Zürich
Innentypografie: Eva Mokhlis, Swabianmedia, Stuttgart
Reproduktion: HKS-artmedia GmbH, Leinfelden-Echterdingen
Druck und Bindung: Livonia Print, Riga

© 2019 Gabriel in der Thienemann-Esslinger Verlag GmbH, Stuttgart.
Printed in Latvia. Alle Rechte vorbehalten.